mani
mani

漫履慢旅

東京

⋈ 休日慢旅 ‧ 能量無限 ⋈
放自己一個漫慢假期 ‧ 漫晃步履 ‧ 慢心滿意

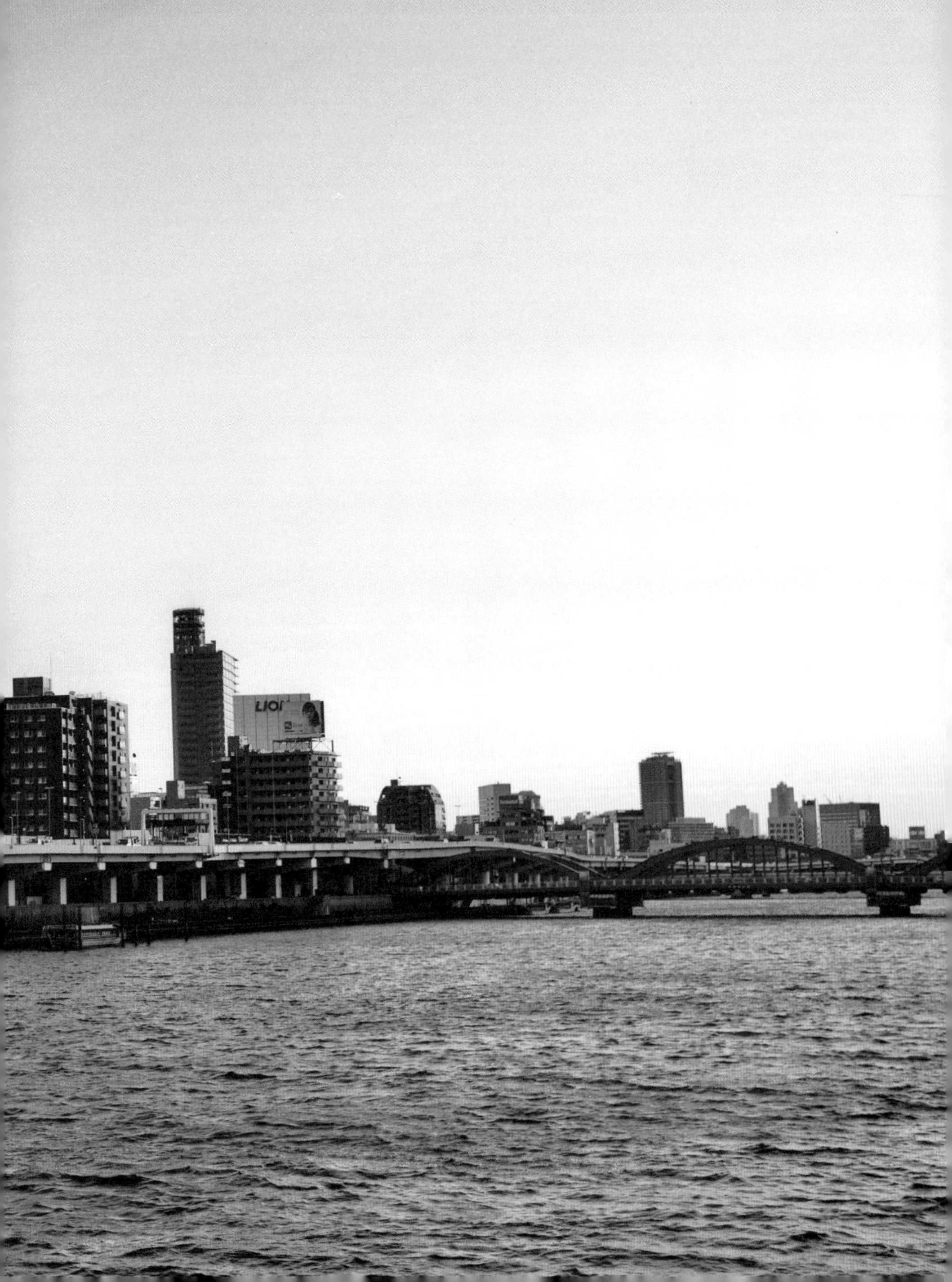

十字路口為澀谷具代表性的景觀。觀察擦肩而過的熙攘人群乃一大樂趣（P2）／淺草等地足以代表東京的下町沿著隅田川
蓬勃發展。夕陽絢麗奪目（P3）／位於押上的東京晴空塔®已然成為東京的象徵性地標（P4）／出眾的咖啡廳和店鋪所雲集
的代官山，為洋溢著洗練俐落感的成人街區（P5）／東京站的丸之內站舍為值得一見的著名建築。站內伴手禮種類齊全，
提供遊客肆意採購（P6）

033

050

065

065

將旅行One Scene融入生活

STANDARD SPOT CATALOG

072

082

086

let's enjoy!

符號標示 📞電話 MAP 地圖 🏠地址 ‼交通 💰費用
🕐營業時間 ㊡公休日 座位數 P停車場
地圖標示 觀光景點 玩樂景點 用餐 咖啡廳 酒吧・居酒屋
伴手禮店・商店 住宿設施 純泡湯 休息站 禁止通行

SCENE
1

@ 東京鐵塔
— とうきょうたわー —

1

以永恆不變的姿態守護東京，我的元氣源頭

東京鐵塔帶給人多為濃厚的「觀光地」印象，直到我擔任觀光大使之前也一直抱持著這樣的想法。但事實上，東京鐵塔存在著各式各樣的遊玩之道！在Foot Town享用午餐、討論工作的流程，抑或是於3F的RUNNERS SALON學習踢拳，還是於週末參加攀爬600階樓梯，前往大瞭望台的登高活動。但比起上述種種，我最喜愛的東京鐵塔之處在於縱使時代或街景物換星移，東京鐵塔那不變的身影仍持續地點亮希望之光，無論何時總說著「歡迎回家。」迎接著我的歸來。

RECOMMENDED BY
東京鐵塔觀光大使
金ヶ江悦子 小姐

作為日本代表榮登2010年度的世界小姐第4名。目前身兼模特兒和Total Beauty總監身分活躍於世。

TOKYO TOWER COLLECTION

芝公園

とうきょうたわー

東京鐵塔

自從1958（昭和33）年東京鐵塔開幕以來，就一直是深受世人喜愛的東京象徵性地標。從2座瞭望台所眺望的景色無與倫比，此外東京鐵塔內的商店和休閒設施包羅萬象，遊客可在此盡情遊玩享樂。東京鐵塔限定的伴手禮也一應俱全。動畫「航海王」的主題樂園，東京鐵塔海賊王於2015年隆重開幕。

☎03-3433-5111　MAP附錄P12E3
🏠港区芝公園4-2-8　🚉地下鐵赤羽橋站赤羽橋口步行5分、地下鐵御成門站A1出口步行6分、地下鐵神谷町站1號出口步行7分　⏱🅿因設施而異（大瞭望台入場900日圓、特別瞭望台＋700日圓）9:00～23:00※22:30截止入場。Foot Town 2F TOWER'S DINER 9:00～22:00LO、午餐時間11:00～14:30LO）🈺無休

1 高333公尺的東京鐵塔作為綜合電波塔守護居民的日常生活

2 大瞭望台2F可免費租借望遠鏡。可將東京的美景一覽無遺

3 大瞭望台1F有腳下觀景窗，2F有鐵塔大神宮

4 為了保持鐵塔的優美外觀，每隔5年會由專業工匠重新塗裝整體

5 從大瞭望台2F（高150m）可遠眺富士山

6 高250公尺處設有特別瞭望台。夜晚的LED點燈如夢似幻

7 每天日落後至24時鐵塔會點燈。有時會實施特殊夜間點燈

8 見證日本的高度經濟成長時期。由眾多專業工匠所堆砌出的機能美感集合體

9 由180個燈泡閃耀的標準夜間點燈會因夏冬季節而有所不同

10 東京首屈一指的夜景景點。令人陶醉於和白天截然不同的美景當中

11 滿月之夜鐵塔下半部會閃耀著粉紅色光芒，於大瞭望台點亮100枝的蠟燭

12 推薦TOWER'S DINER的芥末口味BLT三明治1000日圓

SCENE 2

@TODAY'S SPECIAL
Jiyugaoka
—とうでぃずすぺしゃる じゆうがおか—

RECOMMENDED BY

模特兒

舞川 あいく小姐

時裝模特兒。於2012年開始從事攝影活動後開設攝影特展，活動領域繽紛多元。

薰陶個人獨特品味!!
飲食起居之複合商店

販售由獨到眼光所挑選出的雜貨、食品和室內裝潢等琳瑯滿目商品的複合商店。1F販售來自國內外的多樣包裝食品，光是想像其味道就令人興奮不已。2F為綠意盎然的園藝用品和衣裝服飾區，展開截然不同的植物世界觀。這裡販售著可愛的多肉植物和仙人掌，洋溢充滿無限樂趣。寬敞的店內空間有如玩具箱一般，僅是閒逛其中便能刺激我的感官、薰陶我的品味格調。絕對是自由之丘購物行程中的必訪景點！

(自由之丘)

とぅでぃず すぺしゃる じゆうがおか
TODAY'S SPECIAL Jiyugaoka

運用「飲食起居DIY」讓今日變得特別，以此為中心概念，販售食品、書本、服飾、雜貨和植物等日常所需用品的品項齊全商店。店內的生活起居貼身產品受到男女老少的喜愛。店鋪原創的馬爾歇包和隨身瓶也十分熱銷。

☎03-5729-7131 MAP附錄P25A1
🏠目黑区自由が丘2-17-8 ●東急東横線自由之丘站正面口步行6分 ●11:00～21:00
休不定休

1 2F附有寫著「KEEP GREEN」立牌的盆栽引人注目

2 1F有如市集般販售著國內外精心挑選的商品

3 可在此買到可愛花瓶或噴霧器等方便的園藝用品

4 由德國玩具廠商所製作的大象或長頸鹿等精細模型

5 想在室內妝點綠意的話首推多肉植物

6 原創商品保溫隨身瓶3024日圓。備有黑白2色

7 左起為玫瑰紅、檸檬草等各式香草茶1620日圓

8 成人的檸檬醬1944日圓。濃郁的香氣，也適合放入酒類或紅茶內

9 Little Morning Kitchen的有機穀片共有3種，售價1350日圓

10 寬敞明亮的店內空間，可在此邂逅讓每天都開心度過的各類商品

SCENE 3
@ 上野櫻木Atari
— うえのさくらぎあたり —

重新利用古民家營造的懷舊空間，使人沉浸於昭和氛圍的偷閒片刻

重新使用擁有70年以上歷史的古民家，並且將周邊巷弄一同打造為休閒遊憩區域，就是這裡所介紹的上野櫻木Atari。進駐其間4家店鋪的店員皆平易近人且會主動攀談，附近居民和顧客也會一起加入對話懷暢談。在此彷彿回到我出生時的昭和時代，重現那種令人懷念的真誠相處之道。上野櫻木Atari的人們皆抱持著獨到的世界觀，此處限定的谷中精釀啤酒、鹽和橄欖的專賣店等所販售的優質商品也是這裡的一大魅力之處。

RECOMMENDED BY

カヤバ珈琲 店長
村上 慎吾先生

於谷中經營古民家咖啡廳的年輕店長。熟知往昔時光的美好之處，秉持著創新的風格進行經營。

かやばべーかりー
Kayaba Bakery
☎03-5809-0789 ●8:00～19:00 ●週一（逢假日則翌日休）

しおとおりーぶのみせ おしおりーぶ
塩とオリーブの店 おしおりーぶ
☎03-5834-2711 ●11:00～19:00
●週一（逢假日則翌日休）

やなかびあほーる
谷中ビアホール
☎03-5834-2381
●12:00～20:00LO
（週六、日、假日11:00～）
●週一（逢假日則翌日休）
●26

でもおれごじかんだからゆうすけ
でも俺5時間だからユウスケ
☎03-5814-0190
●12:00～20:00
●週一（逢假日則翌日休）

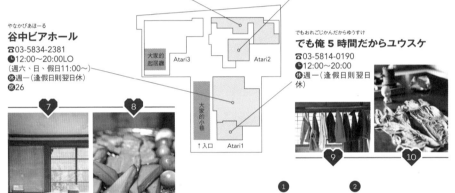

日暮里
うえのさくらぎあたり
上野櫻木Atari
重新利用建於1938（昭和13）年的3間古民家而成的複合性設施。此處聚集了以使用國產小麥的麵包為傲的麵包店、以獨特眼光挑選出商品的二手服飾店、販售嚴選的橄欖油及鹽的專賣店、以及能輕鬆隨性前往的啤酒屋等4間店鋪。

☎因店而異 MAP附錄P26A4
●台東區上野桜木2-15-6あたり ●JR日暮里站南口步行10分
●●因設施而異

① 現身於住宅區中，木造日本住宅聚集的懷舊景色
② 除了硬梆梆的法國麵包280日圓外，也有如紅豆麵包等柔軟麵包
③ 堅持使用日本產小麥，能品嘗到經低溫長時間發酵後濕軟富彈性口感的麵包
④ 橄欖油專家會實際介紹說明產品。可試喝店內的所有產品
⑤ 三星級主廚也愛用的Calanquet橄欖油售價2484日圓
⑥ 吧台提供使用來自全世界酒類或橄欖等的飲品
⑦ 寬敞舒適的古民家啤酒屋。和親切的店員相談甚歡吧
⑧ 土鍋煙燻起司和鵪鶉蛋的拼盤料理600日圓
⑨ 販售20世紀初葉～中葉的西歐服飾和奇特的裝飾品
⑩ 別具特色商品齊聚一堂的複合品牌店。表面融解的橡膠手套10800日圓

SCENE
4

@BIOTOP TOKYO
— び 毛 と —

RECOMMENDED BY

BOTTOMS hairdesigner
金子真由美小姐

於雜誌和社群網站獲得廣大支持的髮型設
計師。除了出版髮型專書外,也擔任設計
講師等,活躍於多方領域

於綠意環繞中療癒心靈的都會綠洲咖啡廳

渴望放鬆身心，找尋一個能轉換心情的所在的我，最常拜訪的就是位於BIOTOP內的咖啡廳IRVING PLACE。1F販售時髦雜貨和植物，2F則是販賣無刺激性的化妝品等，爬上被植物環繞的螺旋樓梯後則可抵達3F的咖啡廳。能感受到木頭溫度的自然空間彷彿使人置身於某處的度假村中，療癒身心的氣場瀰漫其間。咖啡廳的午餐也十分美味，包括肉類料理和義大利麵，也可搭配種類豐富的沙拉吧。餐後還可點選外觀可愛的甜點享用。天氣晴朗時我最推薦露臺座位。咖啡廳中還設有樹屋，不妨試著找尋看看！

FULL OF GREEN

(白金)

びおとーぷ とうきょう

BIOTOP TOKYO

1F設有花店，2F為販售化妝品和服飾的複合品牌店，3F則是咖啡店，有如都市中隱世小屋般的複合型商店。咖啡廳「IRVING PLACE」參考度假村而打造出寬敞的店內空間，並且附設有露台座位。除了正宗的燒烤料理外，鬆餅等甜食類也種類齊全。

☎03-3444-2421(代表)／03-5449-7720(IRVING PLACE)
MAP附錄P5C4 ●港區白金台4-6-44 ♥地下鐵白金台站1號出口步行10分 ●3F為11:00~22:30LO(1F~19:00、2F~20:00)
●3F無休(1、2F不定休) ●54(3F)

①
綠意環繞的咖啡廳營造出舒適的空間。古董家具擺飾其間

②
1F玄關處擺放著引人想一探究竟的繽紛花卉和特色植物

③
使用當季水果的自家製水果酒800日圓

④
可大量攝取新鮮蔬果的午餐限定沙拉吧，受到女性們的歡迎

⑤
廣受好評的露台座位為讓人忘卻都市塵囂的寧靜空間

⑥
墨西哥雞肉法士達1300日圓搭配Lime Cooler雞尾酒650日圓

⑦
連結1~3F的螺旋樓梯旁展示著花草藝術和裝飾作品

⑧
1F的BIOTOP NURSERIES販售的乾燥花束4104日圓

⑨
以巨大樟樹製作而成的星型樹屋為BIOTOP的象徵物

SCENE 5

@近江屋洋菓子店 神田店

― おうみやようがしてん かんだてん ―

①

②

RECOMMENDED BY

隨筆作家
甲斐みのり 小姐

主要以西點、旅行、古典建築為寫作題材，執筆各類書籍和雜誌。近期著作為《地元パン手帖》（グラフィック出版社發行）

LOOKS
YYMMY...♪

喜愛到想比鄰而居

　　童年時任誰都有個願望，希望夢想中的蛋糕店能近在身邊。對我而言，那間夢幻蛋糕店就在這裡，別無分號。甜點價格合理，卻又不令人感到廉價；蛋糕造型不浮誇，但可愛得使人心安。這裡的西點具有每天吃不膩的爽口感以及令人想立即光顧的魅力等特徵。除了蛋糕的滋味無可挑剔外，懷舊風的店內裝潢、描繪著巴黎風景的包裝紙、以冰塊保冷的飲料吧、或是可愛的店員制服等，全都是近江屋的專屬風格，絕無僅有。這裡所有的一切，都是我的最愛。

(神田)

おうみやようがしてん かんだてん
近江屋洋菓子店 神田店

明治17年（1884）創業的老字號店鋪。第4代店長每天親自前往市場購買當日所需的水果食材。擁有約50年歷史的玻璃展示櫃中，擺滿了使用最頂級食材的琳瑯滿目甜點和餅乾。每天有不同的推薦商品，是間會令人想每天造訪的西點店鋪。

☎03-3251-1088 【MAP】附錄P4D2
🏠千代田区神田淡路町2-4 🚇地下鐵淡路町站、地下鐵小川町站A3出口步行3分 🕘9:00～19:00（週日、假日10:00～17:30，咖啡廳～17:00）休無休 席25

1 草莓夾心蛋糕734日圓。整顆草莓層層堆疊的奢侈甜點

2 於感受昭和氛圍的優雅空間咖啡廳享用頂級甜點

3 近50年來始終如一的古典可愛包裝紙

4 熱銷的新鮮出爐蘋果派。整塊3240日圓。單片378日圓

5 想喝飲料時推薦可享用到新鮮果汁的飲料吧648日圓

6 不僅販售西點，同時提供新鮮出爐的麵包。熟食料理也種類豐富

7 保有往昔的圓形造型搭配上清爽的口感。霜淇淋1支356日圓

8 裝滿水果的玻璃瓶裝潘趣酒2916日圓。為此造訪的客人也不在少數

繼續看下去

我最愛的

熱愛東京的5位旅遊達人
玩樂方式與精采景點，完整

Q1
SPOT

在東京
最喜歡的
地方是哪裡？

Q2
GOURMET

非吃不可的
美食是？

Q3
HOT NOW

現在最受矚目的
旅遊主題・景點
是什麼？

A1 台場的象徵地標
彩虹大橋

無數電影和日劇在此取景的觀光勝地。我最喜愛的是渡橋時所見的市區風景。初抵東京時，見到台場的璀璨夜景後，我下定決心「一定要加油！」這一幕遺歷歷在目，這裡總能讓我找回剛到東京的初衷。（→P142）

A2 來到築地
首選為江戶前壽司

築地市場（→P70）為全世界最大的魚市場。在市場內及其周邊有著為數眾多使用新鮮活魚的海鮮料理店。其中我最推薦主廚用心捏製壽司的江戶前壽司。在此可以便宜的價格品嘗到不輸給高級店的優質食材壽司。

A3 在惠比壽的鬧區
收看大聯盟比賽！

我推薦的是運動餐廳MLB café TOKYO（☎03-3448-8900 MAP 附錄P10F3）。紅磚建築外觀為特色之一，可在開放寬敞的露臺座位享用大份量但健康的餐點。不分男女皆能在此找到樂趣。

東京鐵塔觀光大使
金ヶ江悦子 小姐

A1 從早到晚皆能品嘗
日本最美味的麵包！

位於廣尾的麵包店Bread & Tapas Sawamura（→P53）。奶油和小麥的滋味凝縮於一粒粒小巧麵包當中，品嘗麵包後的滿足感無與倫比。麵包店營業時間長，方便顧客的光臨。

A2 在悠久風雅的歷史街道
享用關西烏龍麵火鍋

鄰近毘沙門天，穿過神樂坂的鬧街後位於小巷弄的鳥茶屋（☎03-3260-6661 MAP 附錄P5C2）是我和家人時常造訪的餐廳。我最推薦的烏龍麵火鍋有著彈牙的烏龍粗麵以及高級的湯頭，絕對令人欲罷不能!!

A3 和親朋好友攜手
吃遍烤雞肉串店

烤雞肉串是我的最愛，所以時常和朋友四處品嘗。目前我的口袋名單是西麻布的鳥よし（☎03-5464-0466 MAP 附錄P13A3）。必點胸腿肉、雞屁股和雞翅膀！搭配上熱清酒可謂無所匹敵。

模特兒
舞川あいく 小姐

SCENE ♥

其他東京風景

在此分享更多更深入東京的
披露全新的魅力與旅遊方式！

A1 動人音樂近在身邊
東京藝大的演奏會

東京藝術大學奏樂堂（☎050-5525-2300 MAP附錄P21B1）為舉辦交響樂演奏的音樂廳。音樂廳就位於住家附近，我時常前往聆聽欣賞。此處的早晨演奏可聆聽到各音樂專科最優秀學生的演奏。

A2 翻新空間內品嘗的
道地印度咖哩

位於押上，將舊公寓重新裝潢，營造花草環繞空間的SPICE cafe（☎03-3613-4020 MAP附錄P4F2）。售價1000日圓的雞肉咖哩，香料入味的咖哩搭配上燉煮至軟嫩的帶骨雞肉十分容易入口，惹人喜愛的滋味。

A3 發現往昔的美好！
矚目於東京東部區域

東京不僅有新潮先端的事物，還有為眾多讓人想保留的歷史悠久建築和街區。重新利用古民家的運動方興未艾。尤其是殘留東京古街區文化的上野櫻木和谷中、根津、千駄木區域，受到了各界的矚目。

カヤバ珈琲 店長
村上慎吾先生

A1 讓生活充滿樂趣的
設計系設施

位於東京中城內的21_21 DESIGN SIGHT（☎03-3475-2121 MAP附錄P13B1）。以讓生活愉悅的設計為主的展覽，每次的主題都充滿樂趣，引我一而再地造訪。安藤忠雄設計的獨創時尚建築也是一大賣點。

A2 Qu'il fait bon
水果塔

位於表參道巷弄內的Qu'il fait bon 青山（☎03-5414-7741 MAP附錄P6D3）。酥脆口感的餅皮搭配當季水果的水果塔單片718日圓，我非常喜歡。水果塔造型可愛，味道絕倫。吃再多也不會膩。

A3 身穿日式和服
悠閒散步於淺草

我最近熱衷於與朋友身穿和服，散步於遺留大量江戶文化的淺草一帶。妝髮當然都是由我一手包辦。最經典的走法為先前往淺草寺（→P138）參拜，再開逛於仲見世通及品嘗美味的蕎麥麵。

BOTTOMS hairdesigner
金子真由美小姐

A1 搭乘水上巴士
悠閒巡遊於隅田川上

連結灣岸區域和淺草的水上巴士（→P153）。從船上一覽無遺東京鐵塔和隅田川沿岸的大樓景觀，對我而言是最足以代表東京的景色。穿梭於多座橋梁間除了能發現新的事物外，也可以轉換自己的心情。

A2 令人想一吃再吃
絕品美味的炸最中

明治時期創業的中里菓子店（☎03-3823-2571 MAP附錄P4D1）。這裡的炸最中1個186日圓，只要吃過一次，絕對會就此上癮。酥脆油炸的最中餅皮，裡頭夾的是紅豆餡。鬆脆的口感搭配上絕妙的甜味無以比擬。難得的好味道。

A3 東京都內罕見的
源泉放流式溫泉

位於板橋區的さやの湯処（☎03-5916-3826 MAP附錄P3C1）。這裡是只有行家才知曉的東京都內屈指可數的人氣SPA。將古民家翻新再利用的別緻館內，綠意圍繞中的露天溫泉無與倫比。泡完湯後，一邊眺望庭園一邊用餐也是一大樂趣。

隨筆作家
甲斐みのり小姐

Check

從地圖瀏覽東京街區
從哪裡玩起好？我的私房旅行

各具特色的街區齊聚一堂的東京，適合以搭乘電車或步行方式移動其間。
就讓我們先大致瞭解各大區域的特徵和位置關係吧。

P128

購物和娛樂設施豐富多樣
東京首屈一指的轉運車站

しんじゅく
新宿

新宿擁有2種截然不同的面貌，東
口為以歌舞伎町為中心的巨大繁華
鬧區，西口則是摩天大樓雲集的商
務區域。擁有LUMINE the 吉本和
都廳展望室等豐富的觀光景點。

東京都廳的展望台為免費
入場。可從高度202m處
將東京都一覽無遺

P124

火紅美食和時尚購物
一應俱全的熱門景點

はらじゅく・おもてさんどう・あおやま
原宿・表参道・青山

近年來在國外受到矚目的
店鋪陸續於此區域開店。
作為引領時尚的街區，販
售俐落流行的時尚商品和
雜貨的店鋪齊聚一堂。

1 人氣品牌雲集的裏原宿貓街 2 有
優美行道樹的表参道。櫥窗購物也是
一大樂趣

P126

享受購物樂趣
流行趨勢的發信基地

しぶや・だいかんやま・えびす
澀谷・代官山・惠比壽

SHIBUYA109和澀谷Hikarie等商業
設施雲集的活力充沛街區。新型購物
中心LOG ROAD和洗鍊時尚店家群
集的代官山也備受矚目。

總是人來人往的澀谷站
前十字路口

P130

藝術設施豐富的
國際風味街區

ろっぽんぎ・あざぶじゅうばん
六本木・麻布十番

以高格調店鋪進駐的六本木新城為
首，還有國立新美術館等眾多藝術
設施。散步於麻布十番的懷舊商店
街又是另一番樂趣。

形成曲線狀的玻璃帷幕吸
引目光的國立新美術館。
館內的設計也備受矚目

Check

P140

**阿美橫丁和美術館
景點多樣的懷舊街區**

うえの
上野

明治時代建設的美術館和博物館等文化設施齊聚於此。瀰漫懷舊氛圍的阿美橫丁和可見到動物明星大貓熊的上野動物園也值得造訪。

阿美橫丁的入口。各家店鋪的吆喝聲此起彼落好不熱鬧

P138

**保有濃厚
江戶文化的
下町風情街區**

あさくさ
淺草

每年有約3000萬人造訪的淺草代表，淺草寺雷門

以擁有超過1300年歷史，東京都最古老寺院——淺草寺為中心，遍布活力充沛商店街的東京頂尖觀光勝地。最為推薦在老字號的店鋪內品嘗傳統的滋味。

P134

**人氣店鋪
齊聚一堂的
紅磚建築轉運車站**

とうきょうえき・まるのうち・にほんばし
東京站・丸之內・日本橋

東京站丸之內站舍，裡面有許多受歡迎的店家

擁有全日本最多月台數量的東京站。車站周邊的丸之內區域有不少追求流行時尚人群所喜愛的店鋪。設有「COREDO室町」等商店，融合傳統與現代文化的日本橋也備受矚目。

P132

**著名百貨公司和
名牌旗艦店、老字
號餐廳的齊聚之地**

ぎんざ・ゆうらくちょう・つきじ
銀座・有樂町・築地

銀座的地標建築和光本館

百貨公司和國外高級品牌齊聚一堂，銀座為日本的代表性購物聖地。可以合理價位享用到新鮮海鮮的築地市場(2016年預定遷移)很受到外國觀光客的青睞。

P142

**一覽無遺東京灣
娛樂享玩之島**

おだいば
台場

自由女神像和彩虹大橋。夜景美不勝收

擁有富士電視台等豐富遊玩設施的娛樂享玩區域。可將彩虹大橋和東京灣一覽無遺的餐廳多不勝數，可花上一整天盡情玩樂。

其他矚目地區在這裡

めぐろがわしゅうへん
目黑川周邊 ——————— **P60**

じゆうがおか
自由之丘 ——————— **P100**

くらまえ
藏前 ——————— **P102**

きよすみしらかわ
清澄白河 ——————— **P104**

きちじょうじ
吉祥寺 ——————— **P144**

從喂裡玩起好？我的私房旅行

鶯谷
淺草
上野公園
淺草寺
上野　上野
東京晴空塔
藏前
秋葉原　平井
JR總武線
神田　兩國　錦糸町　東大島
龜戶
都營新宿線
東京站・丸之內・日本橋
東京　清澄白河
有樂町　東京
橋　銀座・有樂町・築地
町　竹芝　東京Metro東西線
日の出　潮見
荒川
百合海鷗線　豐洲　西葛西
彩虹大橋　臨海線　新木場
天王洲Isle　JR京葉線
東京航電車　台場　東雲　往舞濱
台場　有明
N
0　2KM
青海

023

Listen

須事先了解的基本二三事
我的旅行小指標

要住宿幾天？怎麼移動？該吃什麼？以下整理出能指引旅行疑難雜症的
10個小指標，不妨在安排行程時列入參考喔。

準備出發前…

根據旅遊目的不同
選擇住宿1～2天

遊覽東京都以住宿1～2晚最為理想。如果是2天1夜的旅行計畫，則可規劃上午抵達東京都，悠閒遊逛後於第2天傍晚時離開。如果想更加充分享受購物和市區觀光的樂趣，則可規劃住宿2晚以上。

想踏遍主要的熱門景點的話
可參加半至一天的當地行程

搭乘「哈多巴士」和「SKYBUS 東京」，或是行駛於隅田川上的水上巴士，同樣樂趣無窮。例如，哈多巴士有提供遊覽東京鐵塔及淺草寺等熱門景點的觀光路線。不妨事先預約將行程加入自己的旅行計畫當中。

> **值得推薦的觀光巴士**
>
> ● 哈多巴士　☎03-3761-1100
> ● SKYBUS 東京　☎03-3215-0008
> ● 水上巴士 TOKYO CRUISE
> 　☎0120-977-311（東京都觀光汽船）

一年四季皆能享受旅遊樂趣
不容錯過夏冬兩季促銷拍賣

東京一年四季都會舉辦各式各樣的活動，無論何時造訪皆能享受到觀光的樂趣。如果是以購物為主要目的，則絕對不容錯過夏冬兩季的促銷拍賣活動。此外，東京擁有如上野恩賜公園和千鳥之淵等著名的賞櫻景點，所以格外推薦春季造訪。

> **活動行事曆**
> ● 5月中旬…三社祭（淺草）
> ● 7月最後的週六…隅田川煙火大會
> ● 11月中旬～…霓虹燈飾
> 　（表參道、丸之內、六本木等）

必訪景點為東京雙塔！
當紅景點也不容錯過

除了東京鐵塔、東京晴空塔和淺草寺等必訪景點之外，陸續有新店開幕，以及新地標誕生的表參道、原宿、銀座、澀谷等當紅的區域也不容錯過。（東京NEWS →P26）

Listen

抵達東京後…

5

東京站和羽田機場為兩大入口
根據旅遊計劃加以選擇利用

東京站和羽田機場為主要的出入口。由於東京站有JR和地下鐵的多條路線行經，所以欲前往何處皆十分方便。從羽田機場欲前往市中心，則可搭乘東京單軌電車、京急線或利木津巴士。

6

區域間的移動方式
主要為JR和地下鐵

搭乘JR或地下鐵於各景點間移動十分方便。由於大多為班次密集的電車路線，所以能避免時間上的浪費。此外，市中心車站間的距離不長，1站的距離有時僅需步行10分左右，故不妨將步行列入移動方法的選項之一。

7

確認開店時間和公休日
之後再安排行動

百貨公司幾乎為多於10點開始營業，街上的商店則是大多為11點開店。早餐和午餐的時間則是因店而異。此外，淺草和銀座的老字號店鋪當中，部分店鋪的公休日為週六、日和假日，敬請多加留意。

8

大排長龍的有名人氣店
事先預約為上上之策

東京擁有為數眾多接受過電視或雜誌採訪過的店鋪。想前往目前熱門的甜點店或咖啡廳，必須要做好排隊的覺悟。如果有想用餐的店建議事先預約為佳。某些餐廳需穿著正裝入場，也請務必事前做好確認。

9

享受建築和街區的氛圍
悠閒自在地漫步其間

漫步於東京的街道上，能四處見到別具特色的建築物和擺設著人氣商品的品味櫥窗。尤其是銀座和表參道擁有眾多的高級品牌店鋪，最適合繞道前往悠閒漫步。

10

於東京站和羽田機場
購買火紅熱門伴手禮

作為東京入口的東京站和羽田機場，從經典禮品、到當紅商品和充滿魅力的雜貨等豐富多樣的伴手禮，一應俱全。選購種類豐富的火車便當和機場餐食也別具樂趣。若是有意於回程前購買，請預留充沛時間前往。

詳細交通資訊請見P150

Check

流行時尚店鋪進駐的商業設施等，嶄新的觀光景點陸陸續續地於東京開幕。
即將於近日開幕的設施也不在少數，請事先確認查詢，以防錯漏！

2015年10月開幕
（ 原宿 ）
かすけーとはらじゅく
CASCADE原宿

鄰近車站所開設的美食新據點。匯集了最受矚目的7家店鋪，包含使用熟成肉的燒肉店、現代墨西哥菜、來自米蘭的披薩外，還有台灣甜點和源自英國的杯子蛋糕等店鋪。

☎因店而異 MAP 附錄P7B2
🏠渋谷区神宮前1-10-37 🚇地下鐵明治神宮前（原宿）3號出口即到 🕐休假因店而異

欲品嘗最新美食和甜點請移駕至此

倫敦最受歡迎的杯子蛋糕專賣店 LOLA'S Cupcakes

米蘭的老字號披薩店 SPONTINI也進駐於此

撮影：Nacása & Partners

除了購物外，也推薦在此享用午餐或下午茶

文明堂年輪蛋糕巧克力噴泉1380日圓。於1F的銀座文明堂販售

奶油咖哩炸蝦炒飯2916日圓，為位於7F的銀座古川的知名料理

2015年9月開幕
（ 銀座 ）
いぐじっとめるさ
EXITMELSA

1977（昭和52）年開業的商業設施於2015年秋季重新開幕。致力於雜貨和時尚商品的提供，包含首次進駐日本的店鋪，共有39家店鋪集結於此。其中還有目前熱門的肉丸專賣店等，餐飲店也一應俱全

☎因店而異 MAP 附錄P19C3
🏠中央区銀座5-7-10 🚇地下鐵銀座站A2出口即到 🕐11～20時（餐廳～23時）休無休

2015年12月開幕
（ 淺草 ）
まるごとにっぽん
まるごとにっぽん

開業於東京樂天地淺草大樓的1～4F。各樓層分別以「美食」、「睿智」、「羈絆」和「風土」為概念，約有70家店鋪進駐。其中有許多首次進駐東京都的店鋪，可在此邂逅日本全國的珍奇美食和工藝品。

→詳細請見P139

2樓匯集了使人心情愉悅的工藝品

擁有如生牛奶糖口感的薯乾，黃金甘藷1200日圓。於1F的「黃金甘藷」販售

2F手工藝品店「ROKU」的食器，1件238日圓起（依商品價格有所變動）

地下1F至9F
總計有58間
店鋪進駐

2015年11月開幕

(澀谷)

しぶやもでぃ
澀谷MODI

由澀谷舊丸井0101百貨進行全館改裝，轉型為提案生活形態的商業設施後重新開幕。披薩店「SPONTINI」、派專賣店「Pie Face」等首次於日本開設的店鋪也不容錯過。

☎03-4336-0101
附錄P8D2
渋谷区神南1-21-3
JR澀谷站八公口步行3分 因店而異 不定休

© Peanuts Worldwide LLC

博物館商店內也有販售限定商品

館內附設有咖啡廳。圖片僅供參考

2016年4月開幕

(六本木)

すぬーぴーみゅーじあむ
史努比博物館

本博物館為史努比迷的聖地，查爾斯．M．舒茲美術館的全世界首座分館。館內展示原畫和珍貴的早期作品等，每隔6個月會更換展覽內容。

2016年7月開幕

(永田町)

とうきょうがーでんてらすきおいちょう
東京GARDEN TERRACE紀尾井町

保存被指定為東京有形文化財的舊李王家東京邸(原赤坂王子酒店)的同時，於此地孕育出商業設施和辦公區域共同建構出的複合街區。還設有250間客房的飯店。

☎03-3288-5500
附錄P5C2
千代田区紀尾井町1-2 直通地下鐵永田町站9a出口 因店而異

周邊樹木茂密，最適合乘涼散步

2016年3月開幕

(銀座)

とうきゅうぷらざぎんざ
東急Plaza銀座

誕生於數寄屋橋十字路口一隅的商業設施。地下2F至11F共計13層樓當中，聚集了時尚、雜貨、美食、餐廳和咖啡廳等種類多樣的125間店鋪。

著名店鋪的新型業態等，備受矚目的商店匯集於此

→詳細請見P45

2016年3月開幕

(新宿)

じぇいあーるしんじゅくみらいなたわー
JR新宿MIRAINA TOWER

兼具車站的便利性・高度約170m的複合性設施。1～4層進駐了從服飾店到餐廳等50間店鋪，成為新宿站南口之新象徵性地標。

☎03-3352-1120 附錄P14D3
新宿区新宿4-1-6、渋谷区千駄ヶ谷5-24-55 JR新宿站東南口即到 因店而異 無休

5、6F設有室外廣場和屋頂菜園 © JR東日本

2017年11月底預定完工

(銀座)

ぎんざろくちょうめぷろじぇくと
(暫稱)銀座六丁目 Project

誕生於包含松坂屋銀座原址共2街區的銀座最大型複合性設施。地下2F～6F以及13F一部分為商業設施，約有250間的店鋪和餐廳將進駐。

預計會設有廣達3900㎡的屋頂庭園

☎未定
附錄P19C3
中央区銀座6-10 地下鐵銀座站A4出口即到 未定

Route

不知道該怎麼玩時的好幫手
標準玩樂PLAN

難得來到東京觀光，必遊景點和最熱門的商店一個也不想錯過！
有這種想法的讀者，不妨試試我們提供的充實3天2夜旅行計劃吧？還可調整為適合自己的行程喔。

Plan
第1日

Start

東京站
　電車20分，步行即到

押上
1 東京晴空塔城®
　設施內

2 LA SORA SEED FOOD RELATION RESTAURANT
　步行即到，電車3分，步行5分

淺草
3 淺草寺
　步行5分，電車13分，步行10分

日暮里
4 上野櫻木ATARI
　步行10分，電車4分，步行5分

上野
5 立飲みカドクラ

第2日

6 Mr.FARMER
　步行6分

表參道
7 PASS THE BATON OMOTESANDO
　步行3分

8 DOMINIQUE ANSEL BAKERY TOKYO
　步行7分，電車15分，步行6分

自由之丘
9 TODAY'S SPECIAL Jiyugaoka
　步行6分，電車9分，步行4分

代官山
10 LOG ROAD DAIKANYAMA

第1日

Start
東京站

1 ── 全景眺望

| 押上 | P110 |

とうきょうすかいつりーたうん
東京晴空塔城®

從東京晴空塔的天望甲板開啟旅程的序幕。如遇晴天，可從距離地表350m高度的樓層，將遠至70km處的景色盡收眼底。

2 ── 美景午餐

| 押上 | P112 |

ら・そらしど ふーどりれーしょん れすとらん
LA SORA SEED FOOD RELATION RESTAURANT

參觀後前往東京晴空街道內的義大利餐廳，從店內可近距離欣賞到晴空塔。

第2日

6 ── 早餐

| 原宿 | P69 |

みすたーふぁーまー
Mr.FARMER

第2日早晨則是前往享用目前最受歡迎的早餐。使用簽約農家直接配送蔬菜製成的沙拉和冷壓果汁，以此展開全新的一天。

7 ── 找尋獨一無二商品

| 表參道 | P90 |

ぱすざばとん おもてさんどう
PASS THE BATON OMOTESANDO

於販售骨董物品和二手貨的複合品牌店尋找自己中意的商品。販售品項豐富多元。

Route

| 3 | 參拜 |

淺草 ──────────── P138

せんそうじ
淺草寺

在淺草的象徵雷門前留影後，經參
道仲見世通前往本堂。於仲見世通
可購買人形燒作為伴手禮。

| 4 | 翻新景點 |

日暮里 ──────────── P14

うえのさくらぎあたり
上野櫻木ATARI

2015年開幕的複合性設施。重新
利用古民家的懷舊空間內，設有麵
包店和二手衣店等店鋪，可盡情悠
閒在此購物。

| 5 | 立飲之夜 |

上野 ──────────── P87

たちのみかどくら
立飲みカドクラ

夜晚則是前往女性也能輕鬆入內，
位於阿美橫丁的燒肉店系列立飲
(站著喝)店。在此享用燉肉和火腿
排等著名菜色。

標準玩樂PLAN

前往第3日

| 8 | 絕品甜點 |

表參道 ──────────── P91

どみにくあんせる べーかりー とうきょう
DOMINIQUE ANSEL
BAKERY TOKYO

散步途中在極受歡迎，於日本首開
店鋪的麵包店內稍事歇息。大快朵
頤這裡的可拿滋和餅乾杯！

| 9 | 購物 |

自由之丘 ──────────── P12

とぅでぃず すぺしゃる じゆうがおか
TODAY'S SPECIAL
Jiyugaoka

生活用具、器皿、食品和服飾等，
簡單卻別具匠心的商品一應俱全的
複合品牌店。

| 10 | HOT景點 |

代官山 ──────────── P32

ろぐろーど だいかんやま
LOG ROAD DAIKANYAMA

建於往昔電車軌道原址上的商業購
物中心。推薦於SPRING VALLEY
BREWERY TOKYO（→P33）邊
喝啤酒邊享用晚餐。

Route

Plan

第3日

築地
| 11 | 瀨川 |
| 步行10分 |

銀座
| 12 | 銀座（銀座站） |
| 步行10分 |
| 13 | LA BETTOLA da Ochiai |
| 步行6分 |
| 14 | 銀座・伊東屋 |
| 步行15分 |

東京站
| 15 | 東京站大飯店內 TORAYA TOKYO |
| 直通車站 |
| 東京站 |

Finish

第3日 ▶ **11** 　早餐

（築地）　　　　　　　P70

せがわ
瀨川

日本最大規模的魚市場——築地市場周邊排隊人潮絡繹不絕的美食名店。醃漬於特製醬汁的美味鮪魚丼，是絕對值得早起一嘗的味道！

12 　銀座散步

（銀座）　　　　　　　P94

ぎんざ
銀座

以和光為代表的著名百貨公司，高級品牌店鋪和老字號餐廳雲集的成人街區。週六、日及假日時中央通則規劃為行人徒步區。

13 　名店午餐

（銀座）　　　　　　　P64

ら・べっとら・だ・おちあい
LA BETTOLA da Ochiai

從預約難度便可證明其受歡迎程度的義大利餐廳。推薦品嘗極品午間全餐，便能明白其受歡迎的理由。別忘了要事先預約。

14 　購物

（銀座）　　　　　　　P49

ぎんざ・いとーや
銀座・伊東屋

2015年重新改裝開幕的老字號文具店。寬敞的店內陳列著數量龐大的商品，也有不少如原創筆記本等別處買不到的商品。

Finish

（東京站）

15 　採買伴手禮

（東京站）　　　　　　P109

とうきょうすてーしょんほてるない とらやとうきょう
東京站大飯店內 TORAYA TOKYO

最後前往直通東京站的飯店內的概念店鋪「TORAYA」採買伴手禮。美味大掛保證。

WELCOME TO
TOKYO

現在最想一探究竟的東京觀光

Let's start
your trip!

東京最HOT的區域，代官山導覽

充滿魅力的店鋪齊聚一地
前往LOG ROAD DAIKANYAMA

流行先端的時尚品牌與雜貨、咖啡廳等5間備受矚目的店鋪匯集於此。
普照的陽光和植物綠意所編織出的溫暖空間最適合在此小憩片刻

COMMENTED BY 永井里奈 WRITER

1散步道的周圍充滿綠意　2Fred Segal行動餐車　3在可愛的店內悠
閒放鬆　4美味的甜甜圈讓心情雀躍不已！　5開放寬敞的長椅座位
6Fred Segal WOMAN女性服飾和飾品等商品種類齊全　7由於位於
鐵道原址所以招牌標誌也走鐵路風

（ 代官山 ）

ろぐろーど だいかんやま
LOG ROAD DAIKANYAMA

2015年4月開業的商業購物中心。國外熱門的流行品
牌、甜點、雜貨和時尚咖啡廳等充滿魅力的5間店鋪聚
集於此。在有如木造小屋的商業設施內，可漫步其間
感受著四季的變化。

☎因店而異　MAP 附錄P11C1
🏠渋谷区代官山町13-1　🚃東急東橫線代官山站正面口步行4分
🕐❷因設施而異

PICK UP

LOG ROAD 內的 SHOP

1可於店外的木製露臺享用食物飲料　2浮雕馬克杯2268日圓，陶瓷製　3小型咖啡杯1296日圓，二用設計方便好用　4午餐提袋2160日圓

ざまーと あっと ふれっどしーがる
THE MART AT FRED SEGAL

美國西海岸的複合品牌店Fred Segal於海外首次開創分店，為專屬成人的食品賣場。以販售有機食材為主，日本限定的生活雜貨也一應俱全。

☎03-3464-3961
🕘9:00～20:00　休不定休　席43

1忠實重現其原始的味道。店內瀰漫著甜甜圈的香甜氣味　2覆盆子開心果甜甜圈410日圓　3宇治抹茶拿鐵410日圓　4巧克力杏仁果甜甜圈410日圓

かむでんず ぶるー すたー どーなつ
CAMDEN'S BLUE ☆ DONUTS

於美國波特蘭創業的甜甜圈店首度在日本開店。美國當地排隊人潮也絡繹不絕的甜甜圈店，柔綿的布里歐質地和精選食材孕育出的成人口感為最大魅力之處。

☎03-3464-3961
🕘9:00～20:00　休不定休

1店內隔著玻璃窗可見到啤酒釀造過程　2啤酒花味濃厚的496啤酒780日圓　3瑪麗娜披薩1600日圓和啤酒絕配　4甘苦味並存的In the dark780日圓

すぷりんぐ ばれー ぶるわりー とうきょう
SPRING VALLEY
BREWERY TOKYO

附設可一邊享用一邊學習啤酒知識的釀酒廠之全天候餐廳。多樣化的6種啤酒搭配適合的下酒菜，成雙套餐2300日圓，很受大眾喜愛。

☎03-6416-4960　🕘8:00～22:30LO
（週日～21:00LO）　休無休　席215

がーでんはうす くらふつ
GARDEN HOUSE
CRAFTS

一大早便大排長龍的鎌倉人氣店家「GARDEN HOUSE」的2號店。提供從日本全國各地嚴格挑選的食材所製作的當日餐點和沙拉，以及石窯燒烤的麵包。

☎03-6452-5200　🕘8:00～19:00LO
休不定休　席96

1可從當季菜單中選擇的3 DELI & BREAD SET1250日圓　2冠上2號店店名的CRAFTS，據說有「手工集團」之意　3堅持品質的糕點品項豐富

在代官山的優質SHOP內找尋
兼具機能性&美感造型的特選商品

追隨時尚，精選優質耐用商品，對潮流敏銳度高的店鋪齊聚於代官山。
大量匯集了繽紛日常生活的優質用品。

COMMENTED BY 永井里奈 WRITER

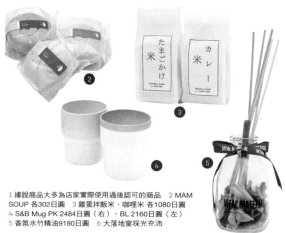

あんど すたいる すとあ
& STYLE STORE
牽起製作者和使用者的手

因網路商店而備受矚目的STYLE STORE，
其實體商店於TENOHA代官山盛大開幕。
宛如咖啡廳般的時尚空間內，陳列著店家直
接從製作者方進貨的居家擺飾、生活雜貨和
食品等。

☎03-5784-0741
附錄P11B1
渋谷区代官山町20-23
東急東横線代官山站正面
口步行3分　11：00～
20：00　無休

1 據說商品大多為店家實際使用過後認可的商品　2 MAM
SOUP 各302日圓　3 雞蛋拌飯米、咖哩米 各1080日圓
4 S&B Mug PK 2484日圓（右）、BL 2160日圓（左）
5 香氛水竹精油9180日圓　6 大落地窗採光充沛

充滿時尚感的店內

めぞん どりーふぁー
MAISON DE REEFUR

由活躍於時尚雜誌的模特兒梨花所引領的複合品牌店。店內以「享受身為成人女性」為中心概念，以客廳或臥房等不同情境分類提供商品。

☎03-3461-0921 MAP附錄P11B1
🏠渋谷区猿楽町24-7代官山プラザビル1F 🚃東急東橫線代官山站正面口即到
🕐11:00～20:00 休不定休

1 和法國插畫家Jeanne Detallante聯名推出的REEFUR粉餅盒 2 店標隨身杯2種顏色各1620日圓

改裝自獨棟民宅的時尚建築

こっか
cocca

代官山發祥的織品品牌所經營的店鋪。店內販售原創的布料外，也有使用cocca布料的雜貨和服飾。同時提供自己挑選材質，製作抱枕套等商品的客製化服務。

☎03-3463-7681 MAP附錄P11C2
🏠渋谷区恵比寿西1-31-13
🚃東急東橫線代官山站東口即到
🕐11:00～19:00 休週一

1 印花、刺繡和編織材質有多樣選擇。印章包1296日圓～ 2 cocca pouch1721日圓～ 3 今治毛巾2484日圓～

往惠比壽方向稍微步行後，可抵達隱身於住宅區內的店家

あれごりー ほーむつーるず
Allegory HomeTools

妝點日常生活的廚房雜貨、衛浴用品和化妝品等應有盡有。能感受到製作者暖意的各式商品，富實用性且價格合理。令枯燥無味的生活增添繽紛色彩。

☎03-3496-1516 MAP附錄P11C2
🏠渋谷区恵比寿西1-32-29-102
🚃東急東橫線代官山站東口即到
🕐12:00～19:00 休無休

1 印花晚餐盤3240日圓 2 動物造型餐具各432日圓 3 耐熱陶器製煎炒平底鍋2376日圓

在7間專賣店所匯集的此區域，除了餐廳之外，還聚集了附設寵物活動空間的寵物店、電動腳踏車店和照相機店等店鋪。

だいかんやま てぃーさいと
代官山T-SITE

以代官山蔦屋書店為中心，聚集餐廳等店鋪的複合性設施。蔦屋書店內除了販售日文書、外文書和骨董書籍外，設計性文具也一應俱全。漫步於連結各間專賣店的散步道上也是一大樂趣。

☎因店而異 MAP附錄P11A1
🏠渋谷区猿楽町17-5 🚃東急東橫線代官山站正面口步行5分 🕐休因店而異

成人的隱密之家
於代官山的咖啡廳小歇片刻

遊逛市區稍覺疲憊時，找尋的便是能歇息片响的咖啡廳。
能於舒適空間內度過靜謐時間的數間咖啡廳，就隱身於代官山其間。

COMMENTED BY 清水千尋 WRITER

だいかんやまぱんけーきかふぇ くろーばーず
代官山パンケーキカフェ Clover's

由法裔老闆所製作，外頭酥脆、裡頭Q彈的
鬆餅為店內招牌。使用日本國產小麥和稻米
粉混合的獨家麵粉，再加上發酵奶油，以原
創的調理法細心地煎好鬆餅。於吧台座位一
邊觀察調理的過程，一邊等候餐點的到來也
是一大樂趣。

☎03-3770-2733　MAP附錄P11C1
🏠渋谷区代官山町18-8堀井ビル2F　🍴東急東橫線代
官山站北口步行3分　🕐11:00～21:30LO　💺不定休
🪑27

1 草莓鬆餅995日圓。以2枚鬆餅包夾奶油和草莓　2 酢
醬草為商標　3 以白色為基調的舒適店內空間，隔窗可
見代官山的街景

ぼんべい ばざー
BOMBAY BAZAR

入口狹窄，但進到地下後卻是舒適的寬敞空
間，有如隱世小屋般的咖啡廳。店家十分重
視食品的安全性，嚴格挑選以大量無農藥蔬
菜製成的咖哩等熟食菜單，或是善用果實和
食材原味做出的清爽口感甜點等，每一道都
是絕世美味。

☎03-3461-8512　MAP附錄P11B1
🏠渋谷区猿楽町20-11OKURA地下1F　🍴東急東橫線
代官山站正面口步行4分　🕐11:30～19:00LO(週五～
20:00LO，週六日、假日11:00～20:00LO)　💺無休
🪑38

1 剉冰 宇治紅豆850日圓。 1/2份量600日圓　2
OKURA燒300日圓。內餡可選紅豆或覆盆子　3 位於
地下的餐廳彷彿秘密基地般，令人雀躍

BONDOLFI BONCAFFÉ

ぼんどるふぃ ぼんかふぇ

1855年發祥於羅馬的咖啡廳的日本第1號店。於義大利當地為深受民眾喜愛的老字號咖啡廳，使用空運輸入咖啡豆製成的濃縮咖啡極其美味。搭配上義大利各地的特色甜點可謂絕配！夜晚則化身為酒吧，品酒的同時還能享用美味的披薩或義大利麵。

☎03-3464-3720　MAP附錄P11B1
🏠渋谷区代官山町20-23 TENOHA代官山　🚇東急東横線代官山站正面口步行3分　🕐10:00～23:00
🈺不定休　🈂25

1 玻璃櫥窗內陳列著色彩鮮豔的鄉土甜點　2 濃縮咖啡250日圓。西西里島傳統的奶油甜餡煎餅卷430日圓　3・4 愜意的室外露台座位

Le Cordan Bleu La Boutique

る・こるどん・ぶるー ら・ぶていっく

位於法國料理名校「Le Cordon Bleu」東京分校的1F，販售熟食、麵包和甜點。每個月還會販賣由各校廚師所推出的原創菜色商品。除了味道掛保證外，餐點外觀也脫俗出眾，很受到外國顧客的青睞。除了可於店內用餐外，所有餐點也提供外帶。

☎03-5457-2407　MAP附錄P11B2
🏠渋谷区猿楽町28-13ROOB-1　🚇東急東横線代官山站正面口步行3分　🕐10:00～19:30(週六日9:00～)
🈺週一(逢假日則翌日休)　🈂60

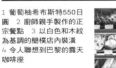

1 葡萄柚希布斯特550日圓　2 廚師親手製作的正宗餐點　3 以白色和木紋為基調的簡樸店內裝潢　4 令人聯想到巴黎的露天咖啡座

日本優質產品齊聚一堂！
起身前往理想的生活型態店鋪

在此集結了日本的傳統工藝品和手工道具等，常見於日常生活之產品。
讓我們重新探究日本的手工藝之美吧。

COMMENTED BY 清水千尋 WRITER

目黑

くらすか ぎゃらりー あんど しょっぷ どー ほんてん

CLASKA
Gallery & Shop "DO" 本店

開設於飯店內，充滿暖意的雜貨店

販售手工製作的工藝品、以及設計師所孕育出的新產
品等各式日常生活商品的店鋪。店內匯集了可融入生
活當中的自然素材雜貨和店內原創商品。店內還附設
有藝廊。

1 販售歡娛日常生活的產品，設計簡
單但各具特色 2 蓮藕形竹製筷架
432日圓 3 眼鏡圖案牙刷架864日
圓 4 DO馬克杯（Slim）黃色1944
日圓、DO茶壺 黃色4860日圓 5
SWAY iPhone6手機套2160日圓 6
位於CLASKA飯店2F

☎03-3719-8124
MAP 附錄P5B4
🏠目黑区中央町1-3-18 CLASKA2F
🚃東急東橫線學藝大學站東口步行12分
🕚11:00～19:00 休無休

HAVE A NICE TIME

商店位於目黑通的時尚飯店CLASKA的2F。除了住宿的旅客外，也有不少為一般外來的顧客。店內販售著店鋪原創產品以及象徵日本製造的商品。客房和館內的咖啡廳擁有絕佳的氣氛。

（ 人形町 ）

ひなたのおと

ヒナタノオト

妝點日常生活的
手工藝品一應俱全

位於大樓林立的街區一隅，改裝50年以上歷史建築而成的畫廊兼店鋪。店內販售紡織品、金屬商品、木工產品、陶瓷器和皮革小物等，由手工製作而成的工藝品。在此可邂逅越使用就越惹人喜愛的美感商品。

1 以白色為基調的店內空間
2 蠟燭圖案的蠟燭3996日圓　3 孔雀綠水壺4320日圓　4「珠玉良言」項鍊HYGGE/和7344日圓　5 白三葉草胸章20520日圓　6 壁花容器4320日圓　7 以北歐天空為意象的藍色大門非常顯眼

☎03-5649-8048
附錄P16E2
中央区日本橋小舟町7-13　地下鐵人形町站A5出口步行7分　12:00～19:00（週六日、假日～18:00）週四

日本優質產品品牌聚一堂！生活型態店舖

1 黑釉土鍋270毫升 9612日圓 2 AKOMEYA品牌糙米1kg972日圓（價格有季節性變動） 3 AKOMEYA原創混合味噌300g648日圓 4 附設餐廳

(銀座)

あこめや とうきょう

AKOMEYA TOKYO

以日本的餐桌為主題的複合品牌店。店內販售多樣從日本全國精心挑選的米飯，以及與飲食和生活相關的雜貨。附設餐廳提供土鍋煮成的米飯等，可在此品嘗到使用店內商品的料理。

☎03-6758-0270(餐廳☎03-6758-0271)
📍附錄P19C1 🚇中央区銀座2-2-6 🚉地下鐵銀座一丁目站4號出口即到 🕐11:00～21:00(餐廳11:30～21:00LO) 🅿27 🚫不定休

(澀谷)

でぃよんなな でざいん とらべる すとあ

d47 design travel store

傳達47都道府縣魅力的旅行雜誌「d design travel」編輯部所開設的店鋪。店內販售採訪時所遇到的鄉土居民們製作的工藝品和特產品。商品解說詳細且簡單明瞭。

☎03-6427-2301
📍附錄P8E3 🏠渋谷区渋谷2-21-1 澀谷Hikarie8F 🚉直通JR、東急東橫線澀谷站
🕐11:00～20:00 🚫無休

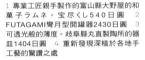

1 專業工匠親手製作的富山縣大野屋的和菓子ラムネ。宝尽くし540日圓 2 FUTAGAMI彎月型開罐器2430日圓 3 可透光般的薄度。岐阜縣丸直製陶所的器皿1404日圓 4 重新發現深植於各地手工藝的驚讚之處

1 紅米甜酒はれのひ756日圓 2 混合著懷舊和新奇的馬口鐵製迷你Zoomer機器人993日圓 3 兼具實用和美感的砥部燒茶碗1944日圓起 4 位於atré吉祥寺1F交通十分方便

(吉祥寺)

にっぽん でぱーとめんと すとあ

Nippon Department Store

匯集全日本專業工匠所製作的品質保證商品，由日本百貨公司所開創的新型態店舖。秉持日本頂尖商品和美味食物的概念，還販售豐富多樣的流行商品。

☎0422-22-1494
📍附錄P25B3 🏠武藏野市吉祥寺南町1-1-24 atré吉祥寺1F
🚉直通JR吉祥寺站 🕐10:00～22:00 🚫準同atré吉祥寺

實現憧憬生活型態的
百貨公司＆購物大樓都在這裡

想採買流行先端的商品，卻又不知道該往東京的何處去…選擇百貨公司就對了。
請在此找尋屬於你的俐落洗鍊、品質卓越的鐘愛商品。

COMMENTED BY **亘未央** WRITER

(澀谷)

しぶやひかりえ

澀谷Hikarie

商場涵蓋5F至地下3F，服飾和甜點店等約200間店鋪進駐其間，並直通澀谷站的高樓層複合性設施。包含澀谷區域最大規模的咖啡廳＆餐廳樓層、以及音樂劇場等，玩樂之道豐富多樣。

☎03-5468-5892(ShinQs☎03-3461-1090) MAP 附錄P8E3
🏢渋谷区渋谷2-21-1 🚃直通JR、東急東横線澀谷站 🕙10:00～21:00(咖啡廳＆餐廳所在的6F為11:00～23:00、7F為11:00～23:30 ※週日23:00) ㊡無休

1 2015年9月重新開幕後新加入33間店鋪2012年獲頒GOOD DESIGN獎 2 34層樓和地下4層樓。

はなもっこ
28404日圓
使用名為岩繪具的日本傳統畫具，將文字盤上色的手錶

Inoya Makiko
36720日圓
石川縣創作家的藝術作品，主要以玻璃為中心創作

麻製廚房巾
各1080日圓
吸水與蒸發性能優越，材質使用能快速吸取水分的麻布

大馬士革玫瑰護手霜
35ml 2160日圓
使用蜂蜜和大馬士革玫瑰，能夠滋潤手部

ARABIA
波斯菊 茶杯＆杯碟
4800日圓（左）
迷迭香 茶杯＆杯碟
9000日圓（右）
特色為手繪風圖案的古董茶杯＆杯碟很受歡迎
※骨董杯組不定期進貨

(ShinQs 2F) ——— Ⓐ

る一むず じ一ば

rooms Ji-Ba

H.P.FRANCE以「日本」為主題而創設的概念店鋪。店內販售精選的日本工藝品、民藝品和創作家的作品。

(ShinQs 5F) ——— Ⓑ

えぶりでぃ ばい これっくす

everyday by collex

販售越使用越能感受到實用性的餐具和生活雜貨等，跨越時代仍受到愛戴的北歐設計商品的店鋪。

(ShinQs 1F) ——— Ⓒ

てらくお一れ

Terracuore

以將「本質之美」發揮到最大極限商品成立的有機化妝品品牌。化妝品奢侈地使用高品質的原料所製成。

美容乳液
7020日圓
滋潤眼部
周圍的眼霜
（Frantsila）

芳香噴霧
SE
2268日圓
洋梨香氣的身體&頭
髮用芳香噴霧劑
（Optimistic）

新宿

いせたんしんじゅくてん
伊勢丹新宿店

以世界最尖端的時尚博物館為主題，於2013年啟
動重新開發專案的新宿代表性百貨公司。2015年3月
重新裝潢設計的兒童服飾與居家用品樓層、愈發熱
鬧的食品、美容樓層為不容錯過的重點。

☎03-3352-1111（代表）**MAP** 附錄P14D2
🏠新宿区新宿3-14-1 ‼JR新宿站東口步行5分
🕐10:30～20:00(因時期而異) 🈹不定休

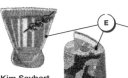

Kim Seybert
杯墊
各3240日圓
以串珠製作而成的酒瓶造型
和雞尾酒造型的杯墊
※由於為直接進口所以可能缺貨

Time & Style
多層方盒 小
盒2592日圓
蓋1296日圓
瓷器製的多層方盒可自由搭
配盒子和蓋子

地下2F ──── D ｜ 5F ──── E

びゅーてぃあぼせかりー
Beauty Apothecary

以「將女性從內到外變得健康美
麗」為概念，販售精心挑選自國
內外的美容商品和食品。

きっちん・いんてりあふろあ
廚房、室內擺飾樓層

2015年3月重新開幕。販賣方嶄露
頭角的創作家所打造的食器、行家
愛用的廚房用具、以及基本款產品
等多方面的商品。

做為潮流的發信地至今仍持續進化

六本木

とうきょうみっどたうん
東京中城

由綠意盎然的公園和6座建築物所構成的複合性都
市。占地內擁有約130間店鋪和餐廳、以及飯店和
美術館等設施，遊玩之道豐富多採。作為「都市內
的綠洲」而大獲好評的草坪廣場，依季節不同舉辦
多采多姿的活動。

☎03-3475-3100
MAP 附錄P13B1
🏠港区赤坂9-7-1令處
‼直通地下鐵六本木站
8號口步行 🕐11:00～
21:00(餐廳～24:00。
因設施和店而異)
🈹無休

🏢立於約10萬
㎡占地內的中城
塔

matsurica
扣型耳環 5346日圓（左）
鈎型耳環 5400日圓（右）
玻璃創作家matsurica所製作，會發
出獨特光澤的玻璃耳環

生島明水
玻璃杯
【數字】／
【英文字母】
各3456日圓
新銳創作家的手工產品。顏色圖案絕
不重複的流行感玻璃杯

髮巾
3564日圓
舒適柔軟觸感的髮巾。內附容易綁上
頭部的彈性伸縮圈

棉麻條紋
小毛巾（上）
超甘撚
小毛巾（下）
各2700日圓
超甘撚小毛巾吸水性強，具有濕潤的
觸感。

Galleria 3F ──── F ｜ Galleria 3F ──── G

わいす・わいす とぅーるす
WISE・WISE tools

販售「日常生活用品」的複合品牌
店。工藝創作家特色豐富的作品和
善用素材感的簡單器皿等，點綴了
店內的空間。

てねりーた
TENERITA

老字號的有機棉品牌。除了販售
有機棉製商品外，還有當季流行
的雜貨。

(丸之內)

じぇいぴーたわー「きって」

JP Tower「KITTE」

日本郵政所創立的商業設施。將舊東京中央郵局建築的一部分保留或再利用，再結合全新建築的部分。知名老字號店鋪和服飾店等，近100家商店進駐了位於地下1F～6F的賣場。同時販售郵局獨家的原創商品。

☎03-3216-2811(KITTE服務中心10:00～19:00)
MAP附錄P17B3 ●千代田区丸の内2-7-2 ♥JR東京站丸之內南口即到 ●店時11:00～21:00(週日、假日～20:00)※因部分設施、店家而異 ●法定檢修日

🏛立於東京站的正前方。6F屋頂設有庭園

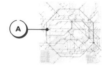

「KITTE限定」Tokyo
Route Map 1 1620日圓
描繪東京路線圖和推薦的建築物等圖案的手帕

「KITTE限定」
郵筒手帕 各1620日圓
十字繡設計的可愛郵筒為最大賣點

耳環
左 4104日圓
右 3024日圓
由於耳環為個別手工製作，所以即使成對的耳環色澤也不同

Paperwallet 2160日圓
使用持久材質「Tyvek」製作而成的錢包

(3F) Ⓐ

えいち とうきょう まるのうちてん

H TOKYO 丸之內店

本店位於三宿的男性用手帕專賣店。店內販售超過200種的手帕，使用的材質為棉花或麻布等優質的天然纖維。

(4F) Ⓑ

ふりー ぱーく

Free Park

以「小小奢侈～優質物品連繫起的空間和生活～」為概念。店內除了從日本國內外精選的商品外，還介紹創作家們寄託於作品內的心思。

條紋上衣
10800日圓
船型領口表露女性魅力。100％棉質加上橫向條紋為特色

CHAN LUU
35640日圓
將天然礦石和珍珠編進皮革裡的高級首飾

室町 1026日圓～
概念來自於香檳！茶葉被調製為清爽的香氣

夏蜜柑 918日圓～
帶有柑橘系香氣且爽口的味道。店內的暢銷商品

(日本橋)

これどむろまち

COREDO室町

重現江戶時代繁華的「COREDO室町1」、匯集老字號店鋪和電影院的「COREDO室町2」、齊聚精心挑選的生活雜貨的「COREDO室町3」所組成的商業設施。感受日本橋傳統的同時享受購物的樂趣。

☎03-3242-0010(日本橋服務處10:00～21:00) MAP附錄
P16D2 ●COREDO室町1／中央区日本橋室町2-2-1、COREDO室町2／中央区日本橋室町2-3-1、COREDO室町3／中央区日本橋室町1-5-5 ♥直通地下鐵三越前站 ●因店而異

(COREDO室町3 2F) Ⓒ

りゔぇたーと

LIVETART

以成人為客群的生活型態店鋪。販售商品不僅限日本國內，還有從世界各國所蒐集而來的手工雜貨和服飾。

(COREDO室町1 地下1F) Ⓓ

おちゃらか

おちゃらか

法國出身的侍酒師Stephane Danton所經營的日本茶專賣店。販售約50種以香氣為特徵的「香氣日本茶」。

（左）COREDO室町1（右）COREDO室町3

銀座

まつやぎんざ
松屋銀座

1925（大正14）年開店的百貨公司。販售日本國內外的奢華品牌以及新創品牌商品。地下1、2F的GINZA美食舞台內進駐了最新的甜點店等超過100間的店鋪。高敏銳度的商品品項為最大賣點。

☎03-3567-1211（大代表） **MAP** 附錄P18D2
🏠中央區銀座3-6-1 🚶地下鐵銀座站A12出口連通
⏰10:00～20:00（因樓層、時期而異） 🚫不定休

高級品牌雲集的名門百貨公司

**HELENA RUBINSTEIN
高階P.C.化妝水
9180日圓**

彷彿能讓肌膚自行保濕的化妝水，全天候肌膚都吹彈可破

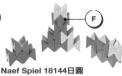

上 柳宗理 孔洞鐵夾 2160日圓
中 鍋鏟 2808日圓
下 湯瓢（M） 2700日圓

經歷長時間試用階段才完成的廚具系列。材質間無接縫，安全衛生

**YSL
Rouge volupte shine迷魅唇膏
4428日圓**

成分含有玻尿酸，勾勒出柔嫩質感和艷麗光澤的雙唇

Naef Spiel 18144日圓

同時被收藏於歐美及日本國內美術館的naef公司玩具

1F	E

ぎんざびゅーてぃー
銀座BEAUTY

以販售品項豐富多元為傲的美容用品賣場。國外品牌和有機產品等超過30間的店鋪進駐其間。

7F	F

でざいんこれくしょん
DESIGN COLLECTION

日本設計組織和松屋共同創建的複合品牌店。展示商品上附有組織成員提供的產品解說。

**成雙玻璃酒杯套組
3240日圓**

以紳士淑女為設計主題的圖案是賣點。適合作為新婚禮物

**冰淇淋肥皂棒
各648日圓**

彷彿挑選冰淇淋般選擇香味。作為室內擺飾也是不二之選

**為了優美鳥兒和散步者而設計的GINZA街圖手帕
1620日圓**

畫家nakaban設計出腦海中描繪的銀座。銀座店限定商品

**YUME NO GINZA
手帕
1620日圓**

插畫家葵·Huber的設計作品。銀座店限定商品

地下1F	G

ばーすでぃばー とうきょう
BIRTHDAY BAR TOKYO

以「365天都是送禮的好機會」為關鍵字，店內販售除了生日外，也適合於各式場合贈送的禮物商品。

地下1F	H

すいみー
swimmie

販售和各類創作家合作的聯名商品，以及善用日本縫製技術的女用手帕專賣店。有著別處找不到的花樣圖案。

銀座

とうきゅうぷらざぎんざ
東急Plaza銀座

2016年春季誕生於銀座數寄屋橋十字路口一隅的複合性商業設施。地下2F～11F有時尚、雜貨和餐廳等約125間店鋪進駐。以日本的傳統工藝江戶切子為主題所設計的外觀，以及可將銀座一覽無遺的屋頂露台等，有望成為「銀座的新象徵」！

☎03-3571-0109 **MAP** 附錄P19B2
🏠中央區銀座5-2-1 🚶地下鐵銀座站C2出口即到
⏰🚫因店而異

建築物的建築設計概念為「光之器」，「江戶切子」為主題

TOKYO FLORIST

僅只是於桌上妝點單朵插花，便能令心情感到些許沉澱。能簡單豐富日常生活的花卉和綠意，對於忙碌的現代人而言為不可或缺之物。隨著DIY的風潮興起，開始自行搭配花卉的顧客有如雨後春筍般地增加。東京擁有為數眾多具有獨特搭配技巧的花店，提供我們如何將花卉融入居家生活空間內的各式建議。和以往單純的花店印象有所不同，店內的絕佳花草擺飾可作為顧客裝飾房間時的參考。由於也能趁此機會向園藝專家請教簡單的插花搭配之道，不妨於旅程結束後活用於自己的日常生活之中。

技巧傳授署

石原和幸設計
研究所代表
石原 和幸 先生
多方面運用花草的景觀藝術家。曾獲頒英國省兒喜花展金牌等多數獎項

LESSON 1
以葉片為
主角的搭配
顏色、形狀千變萬化的葉片很常使用於室內擺飾，在搭配上顯得舉足輕重。如果和各式種類的花卉組合，便能享受到更加豐富的搭配樂趣。

使用蘭花蕉的葉片

讓單調的洗臉台變得不同

LESSON 2
不拘泥於形式
以插花方式創造立體感
以長葉片為基底，以將葉片捲曲的特殊技巧，讓插花顯得別具特色卻又呈現一體感。結著紅色果實的，是不易折損所以適合推薦給初學者的金絲桃。

不過度塞放於容器，而是保留空間地捲放

前端露出長葉片強調立體感

LESSON 3
使用漂流木
展現藝術家品味
使用於DIY中大受矚目的漂流木作出大膽的搭配。漂流木的魅力在於自然材質獨有的氣味，只要和花材取得均衡感，即便僅使用少量的花朵也能創造出具存在感的作品。

突顯存在感的普羅蒂花和漂流木

時髦得彷彿會出現在裼合品牌店裡

LESSON 4
鳥籠形狀的擺飾內
創造出的小小樂園
在雅籠配色的花卉間，以具質感的圓形毬果點綴，營造出流行又可愛的搭配風格。鳥籠擺飾有時能於百圓商店購得，不妨找尋看看。

選擇色彩繽紛的花朵

裝飾於玄關能令人帶著好心情出門

FLOWER SHOP FOR BETTER LIFE

水和魚、花和草共存的獨創空間

花束8640日圓。大膽的搭配貨真價實的漂流木

表參道

ふらわーあんどかふぇ かざはな
flower&cafe 風花

花店所經營的表參道隱密咖啡廳。位於大馬路一旁的巷弄內，以茂盛綠意所覆蓋的牆壁為特徵。在花草的簇擁中享用美味的午餐；夜晚則是化身為酒吧營業。

☎03-6659-4093 MAP附錄P6D3
🏠港区南青山3-9-1アプリム1F 🚇地下鐵表參道站B4出口步行5分 🕐10:00～24:00 休無休 座25

插花5400日圓。當季花卉從哪個角度觀賞皆美

綠意盎然的外觀，讓人感受到店主的品味之好

青山

花束5400日圓。只要告知預算和想要的風格，店家便會加以搭配

るべすべ
Le Vésuve

安靜地佇立於南青山的閑靜住宅區內，僅有行家知曉的花店。店鋪整體宛如被花草包裹的優美外觀，以及店內彷彿於自然中綻放的花卉展示，絕對不容錯過。

☎03-5469-5438 MAP附錄P5C3
🏠港区南青山7-9-3 🚇地下鐵表參道站B1出口步行15分 🕐11:00～18:00 休週二

乾燥花束4104日圓。將新鮮花卉立即製成乾燥花，所以仍保有鮮豔色彩

中庭設有誰都能進入的星形樹屋

白金

虎尾蘭盆栽為SOLSO和盆栽公司的合作作品。3888日圓（含盆器）

びおとーぷ なーせりーず
BIOTOP NURSERIES

負責設計眾多店鋪和辦公室花草擺飾的SOLSO所經營的園藝店鋪。以「植物陪伴的日常生活」為主題，販售備受曬目的園藝創作家們所精心挑選的商品。

☎03-3444-2894 MAP附錄P5C4
🏠港区白金台4-6-44 1F 🚇地下鐵白金台站2號出口步行10分 🕐11:00～19:00 休不定休

當季的插花作品3240日圓起。店家會依顧客的要求以當季花卉作出搭配

店鋪不分內外皆被綠意所淹沒

澀谷

南美蘇鐵2160日圓（不含盆栽）。葉片厚實且耐乾燥，容易栽培為最大特徵

ばばな
葉花

在有如都市的綠洲的店鋪當中充滿著富躍動感的鮮豔花卉，大大小小的造形植物簇擁展示於袖珍的店內。同時販售多樣由特色創作家所製作的雜貨和首飾。

☎03-3466-0242 MAP附錄P9A1
🏠渋谷区富ヶ谷1-14-14 🚇地下鐵代代木公園站2號出口步行5分 🕐10:00～20:00 休無休

將旅行 One Scene 融入生活

專賣店旋風，正式來襲！
以堅持品質的單品決定勝負的精粹店鋪

正因為是堅持品質的專門店，才能找尋到值得珍愛的商品
追求美味的美食專賣店（→P50）也不容錯過！

COMMENTED BY 亘未央 WRITER

GOODS SHOP

（日本橋周邊）

えどや
江戶屋

工匠高超技巧創作的
高級筆刷

1718（享保3）年創業的老字號刷子&筆刷專賣店。以「總是站在使用者的立場思考」為宗旨，運用傳統技術和天然素材創作出的刷子和筆刷為頂級商品。販售從化妝用品到棕毛刷等，廣泛多元的商品為最大賣點。

☎03-3664-5671
📍附錄P16E1　🏠中央区日本橋大伝馬町2-16　🚇地下鐵小傳馬町站3號出口步行5分
🕐9:00～17:00　休週六日、假日

1 腮紅刷1620日圓～，或唇刷1512日圓～等，化妝用品琳瑯滿目　2 店鋪被登錄為有形文化財　3 廚房用棕刷（大）864日圓　4 去漬刷（小）756日圓　5 攜帶用山羊毛刷2376日圓，方便攜帶　6 使用特級白豬毛製成的梳子，附伊勢辰巾袋4320日圓

とーきょー のーぶる

Tokyo noble

可客製化傘柄、傘寬、傘長等的雨傘專賣店。販售長傘（Long）、長傘（Short）、摺疊傘等3種類，各77種顏色。設計成生菜圖案的「蔬菜傘」4860日圓，也很受歡迎。

☎03-6803-2414 ᴍᴀᴘ 附錄P4D2 🏠台東區上野5-9-19 2K540 N-3 🚃JR御徒町站南口步行5分 🕚11:00～19:00（有季節性變動）休週三

1 優雅細長傘（Long）60cm6480日圓～　2 摺疊傘各6480日圓～　3 光是欣賞一字排開的雨傘就令人心情愉悅

ぎんざ・いとーや

銀座・伊東屋

1904（明治37）年創業的文具專賣店。於2015年6月重新裝潢開幕，除了販賣文具之外，另外設有可自己製作筆記本的「Note Couture」和擁有1000種筆類的「Pen&Ink Bar」。

☎03-3561-8311
ᴍᴀᴘ 附錄P18D2　🏠中央區銀座2-7-15　🚃地下鐵銀座站A13出口步行2分　🕚10:00～20:00（週日、假日～19:00、12F Cafe Stylo10:00～22:00）休無休

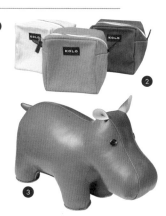

1 ROMEO NO.3 原子筆 迷你 義大利紅（左）6480日圓 ROMEO NO.3 原子筆 細軸 義大利紅（右）7500日圓
2 コロ Parker 收納包（M）各3024日圓
3 シノトップ河馬造型門擋 12960日圓

はこちょう

箱長

1874（明治7）年創業的老字號桐工藝專賣店。使用數十種類的雕刻刀，雕刻出蜻蜓或鈴鐺等圖案，將以和紙補強的純絲和服布料嵌入木材的「桐木目込み細工」為箱長獨有的技法。

☎03-3843-8719
ᴍᴀᴘ 附錄P23A3　🏠台東區淺草1-4-5　🚃地下鐵淺草站1號出口步行2分　🕚10:30～19:30
休無休

1 可將酒瓶放入孔洞中的酒架1944日圓　2 隨身鏡（小）4320日圓 附和風圖案袋子
3 夢 三層櫃 7020日圓

右 **花束型（普通尺寸）500日圓～**
左 **盒型（普通尺寸）800日圓～**

花束型最適合邊走邊
吃。盒型可從炸雞等配
菜中挑選1項

A

B

上 **高塔火腿蛋
鬆餅2052日圓**
下 **莓果豪華拼盤
法國吐司
1944日圓**

法國吐司上的莓果豪華拼盤看起來
就奢華無比。火腿蛋鬆餅則是最適
合午餐享用

C

左 **綠色蔬果排毒汁（迷你）780日圓**
中 **鋼鐵人營養液（迷你）1080日圓**
右 **根莖類果汁（迷你）780日圓**

左為使用以甘藍菜為主的多種綠色葉菜。中央為甜
菜、瑪卡等蔬果。右為胡蘿蔔和生薑

（ 原宿 ）───Ⓐ

あんどざ ふりっと
AND THE FRIET

人潮絡繹不絕的薯條專賣店。從當季
嚴格挑選的6種馬鈴薯當中，挑選喜
好的品種和切片方式，和沾醬一同美
味享用。

☎03-6434-7568　MAP附錄P7B2
🏠渋谷区神宮前1-11-6 Laforet原宿2F
🍴地下鐵明治神宮前（原宿）站5號出口即
到　🕐11:00～21:00　休準同Laforet原
宿　席61

（ 澀谷 ）───Ⓑ

あいぼりっしゅ しぶや
Ivorish 澀谷

福岡起源的人氣法國吐司專賣店。使
用耗費半年時間研發完成的專用麵
包。可享用到表面酥脆，裏頭綿軟多
汁的口感。

☎03-6455-3040　MAP附錄P9C2
🏠渋谷区宇田川町3-3 地下1F　🍴JR澀
谷站八公口步行10分　🕐10:00～
21:00LO　休第1、3週二（逢假日則營
業）　席45

（ 六本木 ）───Ⓒ

さんしゃいん じゅーす
SUNSHINE JUICE

日本第一間冷壓果汁專賣店。1瓶蔬
果汁約使用了1～1.5kg的新鮮蔬
果。能攝取到豐富優質的營養。

☎03-6434-0235　MAP附錄P13B2
🏠港区六本木6-6-9　🍴地下鐵六本木站
1b出口即到　🕐8:00～20:00（週六日、
假日9:00～19:00）　休不定休
席12

各式口味冰棒
1枝450日圓起

外裏巧克力醬和外灑配料皆為半枝＋60日圓、一枝＋100日圓

右 **芒果剉冰**
1500日圓

中 **珍珠奶茶剉冰**
1000日圓

左 **草莓剉冰**
1400日圓

除了招牌的芒果剉冰外，另外推薦在台灣大受歡迎的珍珠奶茶剉冰和草莓剉冰

右 **龍蝦卷麵包（US）**
1580日圓

中 **螃蟹卷麵包**
1380日圓

左 **蝦卷麵包**
950日圓

內容食材僅使用海鮮的單純口感。令人直接感受到食材的美妙滋味。

（ 澀谷 ）　　　　　　D

ぽっぷばー
popbar

紐約發祥的冰棒專賣店。店內有12種不同口味任君挑選，且口味會每日更換，還提供7種配料和5種巧克力醬可隨意搭配。

☎03-6712-5026　MAP附錄P8F3
🏠渋谷区渋谷2-9-11
🚉JR澀谷站宮益坂口步行7分
🕚11:00-20:00　💤不定休

（ 表參道 ）　　　　　　E

あいす もんすたー
ICE MONSTER

台灣大排長龍的人氣剉冰店日本第1號店。由於使用特製的冰塊，所以可以嘗到有如綿綿細雪溶化於口中般的絕品剉冰。

☎03-6427-4100　MAP附錄P7B3
🏠渋谷区神宮前6-3-7　🚉地下鐵明治神宮前（原宿）站7號出口即到　🕚11:00～21:00(有季節性變動)　💤不定休
📷91

（ 表參道 ）　　　　　　F

るーくす おもてさんどうてん
LUKE'S 表參道店

可一口大啖飽實海鮮的紐約發祥龍蝦卷專賣店。另外也販售蝦或螃蟹的海鮮卷。

☎03-5778-3747　MAP附錄P7B3
🏠渋谷区神宮前6-7-1
🚉地下鐵明治神宮前（原宿）站7號出口步行5分　🕚11:00～20:00
💤不定休

GOURMET GUIDE

大啖新鮮出爐麵包！
起身前往著名麵包店的系列咖啡廳

到了喜歡麵包者無人不曉的知名麵包店時，勢必會想嚐嚐新鮮出爐的麵包滋味。
這奢侈的夢想，就由附設悠閒咖啡廳的麵包店來實現吧。

COMMENTED BY 亘未央 WRITER

(淺草)

すけろく だいなー

SUKE6 DINER

前往位於隅田川沿岸的
全天候營業食堂

在麴町大受歡迎的「麴町咖啡廳」的姊妹店。在此可隨時享用到使用新鮮雞蛋、自製香腸、以及使用附設麵包工廠烘焙的剛出爐天然酵母麵包製成的料理。添加自製奶油和楓糖漿品嘗的鬆軟酪奶鬆餅1200日圓，也廣受好評。

☎ 03-5830-3367　MAP 附錄P23 C3　🏠 台東区花川戸1-11-1あゆみビル1～3F　🚇 地下鐵淺草站4號出口步行5分　🕙 10:00～23:00（週六日、假日8:00～22:00）　🈺 週一（逢假日則翌日休）　🈳 43

SHOP DATA

1 盛於平底鍋上的英式早餐1200日圓，為午餐的首選　2 改裝自原為鞋店的大樓，店內空間充滿情調　3 設計時尚的看板　4 店舖3F的Manufacture販售各種僅限外帶的麵包

1 設有露臺座位　2 蘋果火腿起司吐司400日圓、普羅旺斯麵包300日圓、濃縮咖啡300日圓

表参道

ばんとえすぷれっそと
BREAD, ESPRESSO &

人氣咖啡吧&麵包店。於咖啡吧可品嘗到正宗咖啡搭配輕食。其中最為推薦的是，使用口感有如絲絹的方型吐司「Mou」（300日圓）製成的鐵板法國吐司700日圓（15時～提供）。

☎03-5410-2040　MAP附錄P6D2　🏠渋谷区神宮前3-4-9　🚇地下鐵表参道站A2出口步行7分　🕐8：00～20：00（用餐～19：00LO、飲料～19：30LO）　🚫第2週一（逢假日則翌日休）　🪑27

原宿

れふぇくとわーる
RÉFECTOIRE

本店位於京都的麵包店「Le Petit Mec」的系列咖啡廳。店內提供可品嘗到麵包原味的三明治、外觀豪華的外餡三明治等輕食外，還販售水果餡餅等甜點，商品種類豐富多樣。同時提供外帶服務。

☎03-3797-3722　MAP附錄P7B3　🏠渋谷区神宮前6-25-10　🚇地下鐵明治神宮前〈原宿〉站7號出口步行3分　🕐8:30～20:00　🚫無休　🪑54

1 濃湯盤餐1050日圓（平日限定）附當日麵包和沙拉　2 食堂（RÉFECTOIRE）般的店內空間，用餐方式為自助式。顧客多為熟客

1 自製香腸搭馬鈴薯泥1620日圓※於2F販售
2 鰻魚牛角麵包302日圓和澤村咖哩麵包270日圓等麵包

廣尾

ぶれっどあんどたぱすさわむら
Bread & Tapas Sawamura

以「BREAD & TAPAS」為主題的廣尾店中，除了能品嘗到店內現烤的麵包外，於2F的餐廳可享用到原創的Tapas料理。店內隨時提供超過50種使用精選食材製作而成的麵包，選擇豐富多樣。

☎03-5421-8686　MAP附錄P13A3　🏠港区南麻布5-1-6 ラ・サッカイア南麻布　🚇地下鐵廣尾站3號出口步行5分　🕐7:00～22:00（餐廳～翌3:00LO、週日、假日～22:00LO）　🚫無休　🪑1F 14／2F 35

緊密包夾難得美味
遍訪三明治的知名店鋪

忙碌時能輕鬆果腹的餐點代表便是三明治。
在麵包和餡料的品質上費盡工夫的絕品三明治近期正大量增加！

COMMENTED BY 永井里奈 WRITER

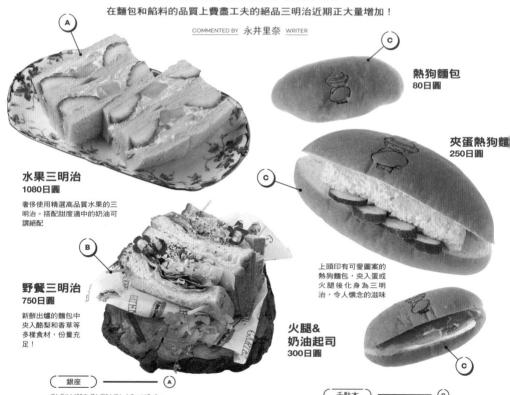

熱狗麵包
80日圓

夾蛋熱狗麵
250日圓

水果三明治
1080日圓

奢侈使用精選高品質水果的三明治。搭配甜度適中的奶油可謂絕配

野餐三明治
750日圓

新鮮出爐的麵包中夾入酪梨和香草等多樣食材，份量充足！

上頭印有可愛圖案的熱狗麵包，夾入蛋或火腿後化身為三明治，令人懷念的滋味

火腿&奶油起司
300日圓

〔 銀座 〕Ⓐ
ぎんざせんびきや ぎんざほんてん ふるーつぱーらー
**銀座千疋屋 銀座本店
フルーツパーラー**

1894年（明治27）創業的老字號高級水果店。店門口販售多種珍貴水果，於2F的會客室可享用到水果聖代等餐點。

☎03-3572-0101（代表）
MAP附錄P19C2　●中央区銀座5-5-1
地下鐵銀座站B5出口即到
●11:00～20:00（週日、假日～19:00）
休無休　66

〔 表參道 〕Ⓑ
がるてん
GARTEN

位於表參道COMMUNE246內的攤販風格小型三明治店。大量使用從農家直接進貨的當季蔬菜，調味料也為自製。

☎非公開　MAP附錄P6D3
●港区南青山3-13COMMUNE246內　地下鐵表參道站A4出口即到
●11:00～20:00　休週一　5

〔 千駄木 〕Ⓒ
おおひらせいぱん
大平製パン

於福島縣歷經三代的家族經營老字號麵包店。販售的麵包以帶有可愛女孩圖案的熱狗麵包為主，另有多種令人懷念的麵包可供選購。

☎非公開　MAP附錄P26A4
●文京区千駄木2-44-1刈谷店鋪
地下鐵千駄木站1號出口步行5分
●8:00～19:00（週六日、假日～18:00）　休週一、有不定休　5

鮮蝦酪梨
1250日圓

大受女性歡迎的三明治。內餡放有滿滿的酪梨和爽脆彈牙的鮮蝦，份量充足

自製培根×奶油起司
580日圓

番茄乾和培根是最棒的飲酒良友

巧克力香脆麵包
280日圓

低甜度巧克力是成人的滋味

雞蛋三明治
500日圓

柔軟的麵包內夾入厚實的雞蛋餡，分量十足。還帶有令人懷念的古早味

ソンプルサン
240日圓

杉窪章匡開發的原創麵包。可在家享受自行夾入內餡的樂趣

(代代木公園) ——— D

さんびゃくろくじゅうごにち
365日

在米其林星級的西點店修業多年的杉窪章匡所開設的店鋪。販售有機食材和調理食品，另外附設有咖啡廳。

☎03-6804-7357　附錄P5B3
渋谷区富ヶ谷1-6-12　地下鐵代代木公園站1號出口即到　7:00～19:00　2月29日　6

(三宿) ——— E

ふぁんごー
FUNGO

位於世田谷公園附近的三明治&漢堡店。可從17種配料中任意挑選組合，做出屬於自己的原創三明治吧。

☎03-3795-1144　附錄P24A4
世田谷区下馬1-40-10　東急田園都市線三軒茶屋站步行13分
9:00～22:00LO（週五、六、假日前一天～24:00LO）　無休　46

(根津) ——— F

かやばこーひー
カヤバ珈琲

自1938（昭和13）年營業至今的老字號咖啡廳，繼承了歷史悠久的建築、家具和菜單，店內瀰漫著昭和風情的懷舊咖啡廳。2F設有榻榻米座位。

☎03-3823-3545　附錄P26A4
台東区谷中6-1-29　JR日暮里站南口步行10分　8:00～23:00（週日～18:00）　無休　40

GOURMET GUIDE

用心沖泡的幸福咖啡
熱門話題中的咖啡座

受到第三波咖啡潮流的影響，充滿話題性的咖啡座陸續於東京開幕。
不妨來一杯堅持自家煎焙和沖泡方式的美味咖啡吧。

COMMENTED BY 宮田麻衣子 EDITOR

〔三軒茶屋〕

かふぇ おぶすきゅら
Cafe Obscura

堅持使用虹吸式咖啡壺的自家煎焙咖啡廳。別具特色的店名源自於照相機的原型——投影機「Camera Obscura」。店家希望能如投影機般，提供給顧客映照出個人情懷的獨到「時間」。凝望店內中央處的虹吸式咖啡壺中的優美氣泡，度過悠閒的美好時光。

☎03-3795-6027 MAP 附錄P24A4
🏠世田谷区三軒茶屋1-9-16 🚉東急田園都市線三軒茶屋站南口步行6分 🕐12:00～23:00 🈲第3週三 🈺15

1 瓜地馬拉產咖啡630日圓和香草戚風蛋糕390日圓
2 木製露臺為其特徵 3 水泥結構和木頭呈現對比的時尚店內空間

〔代代木公園〕

ふぐれん とうきょう
Fuglen Tokyo

曾被紐約時報讚賞為「坐飛機也要去喝的咖啡」，發源自挪威奧斯陸，名聞遐邇的咖啡廳。東京店完整重現了1963年創業當時的奧斯陸店鋪。白天主要提供咖啡，晚上七點後化身為可享用雞尾酒的成人酒吧。

☎03-3481-0884 MAP 附錄P5B3
🏠渋谷区富ヶ谷1-16-11 1F 🚉地下鐵代代木八幡站2號出口步行5分 🕐週一、二8:00～22:00，週三、四8:00～翌1:00，週五8:00～翌2:00，週六9:00～翌2:00，週日9:00～24:00 🈲無休 🈺39

1 本日咖啡360日圓，可品嘗到水果滋味和纖細的風味
2 可隔著玻璃門一窺店內的樣貌 3 古風的室內擺設為魅力所在

1 店內明亮寬敞 2 紐奧良咖啡500日圓。冷水沖泡16小時，加入有機砂糖的冰牛奶咖啡

青山

ぶるー ぼとる こーひー あおやまかふぇ

Blue Bottle Coffee 青山カフェ

舊金山發祥，引領第三波咖啡潮流的咖啡廳。除了提供現場煎焙的咖啡之外，滑嫩水煮蛋&吐司、類似油炸甜甜圈的貝奈特餅等，僅於青山咖啡廳販售的餐點為最大賣點。

☎非公開　MAP附錄P6D3
🏠港区南青山3-13-14　🚇地下鐵表参道站A4出口步行5分　🕙10:00～21:00　休無休　🪑80

虎之門

とらのもん こーひー

TORANOMON KOFFEE

咖啡師會依照顧客的喜好沖泡咖啡，可在此享用自己專屬咖啡的咖啡廳。咖啡拿鐵和卡布奇諾最受到歡迎。搭配咖啡享用的糕點也廣受好評，部分時間帶會提供手沖咖啡。

☎03-6268-8893　MAP附錄P12F1
🏠港区虎ノ門1-23-3虎之門Hills森大樓2F　🚇地下鐵虎之門站1號出口步行5分　🕙7:00～19:00　休不定休(準則以虎之門Hills)　🪑40

1 開放性的店鋪設計，適合1個人輕鬆前往 2 卡布奇諾430日圓。使用京都的老字號專賣店——小川珈琲店所煎焙的咖啡豆

1 發源於LA的時尚店鋪 2 本日咖啡320日圓～、卡布奇諾430日圓～。從全10種單一品種咖啡中挑選，每日輪番提供

日本橋

こーひーびーんあんどてぃーりーふ にほんばしいっちょうめてん

Coffee Bean & Tea Leaf 日本橋一丁目店

1963年創業，美國歷史最悠久的特殊茶咖啡連鎖的日本第1號店鋪。不僅提供堅持產地和煎焙品質的咖啡，還有種類豐富的茶類，很受到紅茶愛好者的歡迎。法式鹹派和糕點等餐點也一應俱全。

☎03-6262-1336　MAP附錄P16D3　🏠中央区日本橋1-3-13　🚇直通地下鐵日本橋站B9出口　🕙7:00～22:00(週日、假日8:00～21:00)　休無休　🪑50

將旅行One Scene融入生活

GREEN PARK

東京擁有為數眾多的綠意盎然公園。除了於假日造訪外，工作閒暇之餘偷閒來到公園享用午餐、散步其間，便能令人神清氣爽、心曠神怡。在餐廳或咖啡廳用餐是不錯的選擇，但在戶外享用的午餐或點心卻又有另一番情調。在代代木公園等大型公園附近，有受到當地居民喜愛的麵包、甜點或飲料攤位，選擇外帶後於公園內享用，令人有野餐的感覺。於當地公園才有的優質店鋪購買餐點，總讓人雀躍不已！更能體會到置身於公園的喜悅歡愉。

〈 原宿 〉

よよぎこうえん

代代木公園

受惠於豐沛自然與水源的
巨大的娛樂型公園

總面積廣達54萬㎡，相當於27座東京巨蛋的廣大公園。園內分為森林公園和陸上競技場、以及擁有戶外舞台的廣場地區，娛樂設施也十分完備。噴水池和水迴廊所編織出的水景也是一大魅力所在。

☎03-3469-6081 ᴹᴬᴾ附錄P5B3
🏠渋谷区代々木神園町2-1 ❗️JR原宿站表参道口步行3分 ❤️🄫🅑免費

〈 原宿 〉 公園步行10分

ぐっど たうん どーなっつ

GOOD TOWN DOUGHNUTS

原宿的大排長龍名店「THE GREAT BURGER」（→P66）的姊妹店。使用北海道產小麥和沖繩縣產海鹽等嚴格挑選的食材，販售約9種以天然酵母製成有益健康的甜甜圈。店家同時販售咖啡，最具代表性的為美式咖啡486日圓。

☎03-5485-8827 ᴹᴬᴾ附錄P7B3
🏠渋谷区神宮前6-12-6J-cube 地下1F
❗️地下鐵明治神宮前〈原宿〉站7號出口步行7分 🕙10:30～21:00 🄌無休 🄟25

以布魯克林為概念設計，店內的家具和擺設都是從當地購買而來。店內還有販賣雜貨

帶到公園享用！

扶桑花
378日圓
一如外觀，充滿躍動感且華麗的口感

Van Houten
巧克力
378日圓
柔軟質地和甜度適中的巧克力為絕配

經典蜜糖
378日圓
特徵是Q彈口感的招牌甜甜圈

すい一つあんどでりか ぼんな しんじゅくなかむらや
スイーツ＆デリカ Bonna 新宿中村屋

以咖哩麵包著名的新宿中村屋的系列甜點＆熟食店。店內販賣由甜點師傅堅持品質所製作的西點與和菓子，以及廚師烹飪的餐廳風格熟食等，種類品項豐富多元。

☎03-5362-7507
🅜附錄P14D2 🏠新宿区新宿3-26-13新宿中村屋ビル地下1F ‼JR新宿站東口步行2分
🕙10:00〜20:30 🈺不定休
🅿3

和洋風格融合的店內空間。直通車站十分方便

しんじゅくぎょえん
新宿御苑

享受一年四季多變風情的都市綠洲

新宿摩天大樓圍繞下的「都市綠洲」，是這個庭園最貼切的形容詞。讓人忘了置身於東京的豐沛綠意與無比的寬敞。在此可欣賞到英式庭園、法式庭園以及日本庭園等景觀，新綠或紅葉等自然妝點也值得一見。

☎03-3350-0151 🅜附錄P14F4
🏠新宿区内藤町11 ‼地下鐵新宿御苑前站1號出口步行5分 🅥入園200日圓
🕙9:00〜16:00 🈺週一(逢假日則翌平日休) ※不可攜入酒類，禁止使用遊具

帶到公園享用！

新宿咖哩麵包
324日圓
說到中村屋就想到這個！咖哩豐富飽滿

奶油
牛角麵包 各種
270〜324日圓
質地酥脆可口。口味因季節而異

帶到公園享用！

黑豆和黃豆粉瑪芬蛋糕
313日圓
香氣撲鼻，將食材味道發揮到極致

現泡奶茶
500日圓
無添加香料的招牌奶茶。店內以594日圓價格提供

店內限定

自製布里歐法國吐司 918日圓
店內限定的餐點。奶油的香氣四溢

公園步行3分

ちゃいぶれいく
chai break

每一杯茶都是用心沖泡而出的紅茶咖啡廳。紅茶沖泡完後加入起泡的牛奶，滑潤的口感緩緩地暖至心窩。除了手工製作的瑪芬蛋糕外，還販售法式鹹蛋糕290日圓起等，各式可外帶的糕點。

☎0422-79-9071 🅜附錄P25B3
🏠武藏野市御殿山1-3-2 ‼JR吉祥寺站公園口步行5分
🕙9:00〜19:00(週六日、假日8:00〜) 🈺週二(逢假日則休翌日) 🅿20

いのかしらおんしこうえん
井之頭恩賜公園

武藏野自然簇擁下的日本首座郊外公園

1917(大正6)年由皇室賞賜給民間，作為日本首座郊外型公園對外開園。以武藏野三大湧水而聞名的井之頭池為中心，約16000株樹木圍繞著園內。此處也是賞櫻的名勝地，春季時有約500株的染井吉野絢爛綻放。

☎0422-47-6900(井之頭恩賜公園服務處) 🅜附錄P25A4
🏠武藏野市御殿山1-18-31 ‼JR吉祥寺站公園口步行5分
🅥🕙🈺自由入園

將旅行 One Scene 融入人生活

目黑川周邊享受散步樂趣！

新綠隧道和高流行敏感度店鋪
目黑川的千變萬化面貌

距離澀谷2站，從代官山散步至此僅需10分。以中目黑站為中心的目黑川沿岸通稱為「ナカメ」，
堅持高品質的店主們所開設的複合品牌店和咖啡廳雲集於此，成為屹立不搖的流行時尚區域。

COMMENTED BY 唐澤真佐子 EDITOR

めぐろがわしゅうへん
目黑川周邊

是這樣
的地方

歌川廣重《江戶名所百景》中映照四季美景的河川

從世田谷區三宿經由目黑區、品川區最後流入東京灣的目黑川。尤其是中目黑站周邊為聚集了別具特色的店鋪、餐廳和咖啡廳、沙龍的熱門區域。每年3月下旬至4月上旬，從大橋到太鼓橋約4km的河岸開滿了超過800株的染井吉野，作為東京都內首選的賞櫻名勝地而人聲鼎沸。

MAP 附錄P11B3
🏠東京都目黑區上目黑、青葉台、中目黑等 🚇地下鐵、東急東橫線中目黑站即到 🕐休免費

1 潺潺川流讓心情舒暢的目黑川綠地　2 櫻花盛開時節，當地的商店街會舉辦活動　3 設有可眺望美景的露臺座位的咖啡廳和餐廳不在少數

PICK UP

HAVE A NICE TIME

 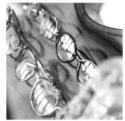 

  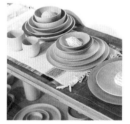

雖然店鋪的規模皆不大，但別具特色和出色品味的商店雲集於中目
黑，瀰漫著令人懷念的下町氛圍街區。即使只是悠哉的散步，應該也
能找到你所鍾意的景色或商品。

散步間翩然邂逅優質SHOP
目黑川周邊散步情懷

以成排櫻花行道樹而聞名的目黑川周邊，散布著別具特色的咖啡廳和餐廳。
一邊漫步於綠意盎然、和煦氣氛圍繞的河岸，一邊找尋自己偏愛的商店或景色吧。

COMMENTED BY 永井里奈 WRITER

【 中目黑 】 　　　　　　　　　　　　Ⓐ

ざわーかーずこーひー ばー
The Workers coffee/bar

早晨8時便能輕鬆前往的時尚咖啡座。可在此品嘗到使用代代木八幡名店Little Nap咖啡豆的咖啡，或是每日不同的杯子蛋糕和瑞士卷。

☎03-6416-4646
MAP 附錄P5B4　🏠目黑区青葉台3-18-3 THE WORKS1F
🚉東急東橫線中目黑站正面出口步行12分
🕐8:00～22:30LO
🈺不定休　🅿15

重新裝潢屋齡40年倉庫而成的改裝空間。還附設有餐廳

1 早晨限定的牛奶麥片500日圓　2 開心果杯子蛋糕380日圓（左）、香草杯子蛋糕380日圓（右）

【 中目黑 】 　　　　　　　　　　　　Ⓑ

とうきょうどさんじん
東京土山人

可品嘗到3種現作蕎麥麵的和食蕎麥麵名店。酢橘蕎麥麵僅限5～10月提供，湯底也可選冷湯。可選關西風或關東風的高湯蛋卷930日圓，也是美味絕倫！也請留意店家所精心挑選的器皿。

☎03-6427-7759
MAP 附錄P5B3　🏠目黑区青葉台3-19-8　🚉東急東橫線中目黑站正面口步行12分　🕐11:30～14:30LO、18:00～22:30LO　🈺週一　🅿44

1 受歡迎的酢橘蕎麥麵1200日圓。整碗蕎麥麵鋪滿切片的酢橘，豪華氣派。酢橘的酸味融入高湯之中，和蕎麥粗麵味道相輔相成　2 以黑色為基調的和風摩登空間

【 中目黑 】 　　　　　　　　　　　　Ⓒ

ろーつ とぅ ぶらんちーず
ROOTS to BRANCHES

嚴格挑選豐富日常生活食、衣、住相關產品。除了販售手工製作的陶器和食器之外，還有從全世界蒐集而來的服飾和骨董書。

☎03-5728-5690
MAP 附錄P11A2　🏠目黑区青葉台1-16-7 2F　🚉東急東橫線中目黑站正面口步行6分　🕐12:00～20:00　🈺無休

陽光傾瀉而入的舒暢店內空間

地圖：
西鄉山公園　産業能率大
Ⓐ The Workers coffee/bar
菅刈公園
Ⓑ 東京土山人
ROOTS to BRANCHES Ⓒ
山手通／首都高速中央環状線
東山
0　100M

1 皮製手環 M 21600日圓　2 石原燒馬克杯3240日圓　3 在LA極受歡迎的Wind Bell S 10800日圓，也可作為室內擺飾的風鈴

———————————— D

わんえるでぃーけー　あぱーとめんつ

1LDK apartments.

提倡食衣住生活風格的概念店。除了販售男女皆可使用的設計小物和服飾外，還有書本與雜貨。店內也購買得到緊鄰的咖啡廳（●11:30～23:30）所使用的食器。

☎03-5728-7140
MAP 附錄P11B2
●目黑区上目黑1-7-13b-town中目黑EAST ‼東急東橫線中目黑站正面口步行3分 ●12:00～20:00 休不定休 ⑰36

模仿英國工廠裝潢的店內空間。附設咖啡廳＆酒吧

1 另設有外帶區
2 DAILY SOAP 1296日圓
3 咖啡糖漿 各1512日圓～　4 筆袋5616日圓

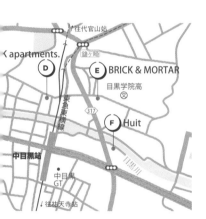

———————————— E

ぶりっくあんどもるたる

BRICK & MORTAR

販售有田燒的豆皿等人氣商品品牌「amabro」所開設的複合品牌店。精心挑選全世界各地的道地產品，並且提倡合乎日本生活型態的新商品使用之道。

☎03-6303-3300
MAP 附錄P11B3
●目黑区中目黑1-4-4 ‼東急東橫線中目黑站正面口步行5分 ●12:00～20:00（週五～19:00）休週一（逢假日則翌日休）

男性也能輕鬆入內的中性外觀

1 嬉野紅茶702日圓
2 MAME吉祥魚 造型盤1404日圓
3 NAGA CUSHION7020日圓

———————————— F

ゆいっと

Huit

位於目黑川沿岸的咖啡廳餐廳。以法國的鄉村食堂為意象設計的店內，是帶有著木頭調性的溫暖空間。午餐售價為1000日圓左右，可從每日更換的數種餐點中選擇。

☎03-3760-8898
MAP 附錄P11B3
●目黑区中目黑1-10-23 ‼東急東橫線中目黑站正面口步行5分 ●11:45～23:00LO 休無休 ⑰74

1 小酒館風的店內空間　2 午間盤餐1080日圓。本日主餐為起司焗烤雞腿肉茄子和番茄總匯。附麵包、沙拉和飲料。+400日圓可變更為葡萄酒

人氣店家受歡迎的原因
屬於該店的獨家特色佳餚

拜訪營造出美食城市東京的著名餐廳時，勢必會有一道代表該店的特色佳餚。在此以精選的老字號
餐廳和排隊名店為主，介紹各店最受歡迎的獨家佳餚。讓我們踏上邂逅名店美味之旅吧。

COMMENTED BY 小林真之輔 WRITER

LA BETTOLA

獨家特色
佳餚

新鮮海膽義大利麵
午餐B套餐 1944日圓、
C套餐3024日圓也可供選擇

前菜＋義大利麵的B套餐、或是附上
主菜的C套餐義大利麵當中最受歡
迎的品項。將海膽的美味徹底地發
揮出來的奶油為絕頂美味。為此番美
味而登門拜訪的顧客也不在少數。晚
餐套餐也可選擇此道義大利麵。

由西西里燉菜和生牛肉片等8項料
理組成的「本日前菜拼盤」

約25年間，和落合廚師一同磨練
廚藝的料理總長成田先生

桌距間極近的用餐空間。正因為是
名店才能令人不在意地安心用餐

由於可能會有人會取消預約，所以當
天試著打看看電話也是可行

（ 銀座 ）

ら・べっとら・だ・おちあい

LA BETTOLA da OCHIAI

預約之難正是名店的證明
著名廚師獻上的義大利料理

日本義大利料理的第一把交椅，落合務主廚所
經營的人氣餐廳。重視活用食材風味，前菜、
義大利麵、主菜等選擇豐富多樣。顧客除了有
在日本居住的義大利人外，還有不少長年光顧
的熟客。

☎03-3567-5656 MAP 附錄P18E2
🏠中央区銀座1-21-2 🚇地下鐵銀座一丁目站10號出口
步行5分 🕐11:30～14:00LO、18:30～22:00LO（週
六、假日18:00～21:30）※須預約。自奇數月的第3週日，
開放下個奇數月和其翌月的電話預約 🈳週日，第1、3週
一 💺36

1 專注於烤雞超過30年的專家。醬料為二戰後傳承使用至今 2 本店原為雞肉店。同時提供外帶服務

牛肉燴飯
1300日圓

開店當時原為隱藏菜單，食材不燉煮，而是以炒的方式調理為最大特徵。微苦的黑色半釉汁和洋蔥的甜味可謂絕配

獨家特色佳餚

(五反田)

ぐりるえふ

グリルエフ

以從1950（昭和25）年創業時便持續使用至今的半釉汁為傲的洋食餐廳。除了提供燉肉和小炒外，還有各式經典的洋食餐點。長春藤攀爬的紅磚建築外觀為最大特徵。

☎03-3441-2902
MAP 附錄P5C4
🏠品川区東五反田1-13-9
🚶JR五反田站東口即到
🕐11:00〜14:00LO、17:00〜22:30LO（週六〜20:40LO）
🈺週日、假日　座37

1 第2代廚師長谷川先生為守住這間店40年的經驗老到廚師　2 桌椅傳承使用了超過60年，店內充滿著懷舊氣氛

(京橋)

いせひろ きょうばしほんてん

伊勢廣 京橋本店

1921（大正10）年創業，熟知雞肉學問的老字號烤雞肉串店。直接在店中處理每日早晨以隻為單位進貨的優良雞肉，所以能保有最好的鮮度。使用火侯強的烏岡櫟備長炭燒烤，所以雞肉鮮嫩多汁。

☎03-3281-5864
MAP 附錄P17C4
🏠中央区京橋1-5-4　🚶地下鐵京橋站7號出口步行3分
🕐11:30〜13:50LO、16:30〜20:30LO（週六〜20:00LO）
🈺週日、假日　座80

烤雞4串丼
1550日圓

加上天城山清流栽培芥末的雞胸肉、由數種雞絞肉製成的丸子、搭配高級雞種的雞腿肉、帶皮雞肉等4串烤雞肉盛於飯上。

獨家特色佳餚

蛋包飯套餐
（附飲料）1100日圓

※上述價格為午餐時段（11:30〜15:00）提供，15:00之後為1300日圓

使用2種不同濃度的鮮奶油，巧妙地混入空氣以煎出軟嫩的蛋皮。甜味與鮮味調配恰到好處，美味極致

獨家特色佳餚

1 店內空間讓人想起昭和時期精緻的純喫茶店。可悠閒享用餐點　2 牆壁上歌舞伎演員的簽名一字排開。送外賣至歌舞伎座乃稀鬆平常之事

(銀座)

きっさゆー

喫茶YOU

鄰近歌舞伎座，受到演員們愛戴超過40年的咖啡廳。軟嫩的蛋包飯為店內招牌，吸引不少顧客聞名而來。推薦和古早風味的維也納咖啡500日圓搭配成套餐享用。

☎03-6226-0482　MAP 附錄P18D3
🏠中央区銀座4-13-17　🚶地下鐵東銀座站3號出口步行2分　🕐11:30〜20:30LO　🈺無休　座48

GOURMET GUIDE

ざぐれーと・ばーがー

THE GREAT BURGER

可享用到超過30種漢堡和牛排的美式餐廳。以紅肉與和牛牛脂製成的鮮嫩多汁漢堡肉，夾入以天然酵母作成的自製漢堡包之中。

☎03-3406-1215　MAP附錄P7B3
🏠渋谷区神宮前6-12-5　🚇地下鐵明治神宮前〈原宿〉站7號出口步行7分
🕐11:30～22:30LO（週六日、假日9:00～）　休無休　席54

獨家特色佳餚

酪梨生火腿漢堡
1490日圓

小拇指節大小的大塊碎肉漢堡肉保有飽滿的肉汁。大量的酪梨和生火腿相輔相成，營造出濃厚的口感

1 不僅是漢堡肉，連麵包也是用鐵板兩面煎烤，表面香脆
2 帶有往昔美國西海岸感覺的店內空間。也設有沙發座位

獨家特色佳餚

esta沙拉
2592日圓

將30～40種當季蔬菜優雅擺盤後上桌。使用紅蘿蔔、橄欖和檸檬做成的「檸檬油醋醬」等，共有3種自製醬料可供選擇

まざー えすた

mother esta

堅持使用安全、安心蔬菜的有機餐點酒吧。提供重視簡單的調味，並可品嘗到濃厚蔬菜味道的料理。每月會大幅調動菜單的內容，讓客人能品嘗到最當季的美食。

☎03-5724-5778　MAP附錄P5B4
🏠目黑区青葉台2-20-14　🚇東急東橫線中目黑站正面口步行10分　🕐11:30～14:00LO（週六日、假日～15:00LO）、18:00～22:00餐食LO　休週二　席48

1 店鋪位於目黑川的行道樹旁流行店家所聚集的區域
2 講究配色與擺盤的每一道餐點，都可一窺秋山廚師的品味

（澀谷）

ぽつらぽつら
ぼつらぼつら

以當季蔬菜和海鮮為主要食材，以和食為基底的創作料理餐廳。蔬菜為每日從簽約的農家直接進貨，新鮮的海產也是早晨從市場進貨。也準備有150種以上搭配纖細口感料理的日本國產葡萄酒。

☎03-5456-4512　**MAP** 附錄P9B4
🏠渋谷区円山町22-11　🍴JR澀谷站八公口步行10分　🕐18:00～23:00LO
💤不定休　🪑20

獨家特色
佳餚

當季野菜特製陶罐派
650日圓
以透明的番茄果凍將超過10種的當季蔬菜固定。淋上自製的法式醬汁更突顯濃厚的蔬菜味道。

1 店主米山自身前往農園和釀酒廠進貨　2 以大型木製吧台為中心，具有沉穩氣氛的店內空間

（人形町）

そよいち
そよいち

平日顧客多為上班族的繁忙洋食餐廳，洋溢著下町的風情。由於座位全部是吧台座，所有料理都在眼前製作。招牌菜炸牛肉排或炸豬排1650日圓，也貼心地提供一半分量的餐點（炸牛肉排1100日圓、炸豬排1000日圓）。

☎03-3666-9993　**MAP** 附錄P16F2
🏠中央区日本橋人形町1-9-6　🍴地下鐵人形町站A2出口即到　🕐11:00～14:30LO、17:30～20:00LO　💤週日、一　🪑15

1 站在洋食餐廳的廚房約50年的石井店主熟練地烹飪　2 大玻璃窗令人在外便能一窺究竟，女性也能放心入店

獨家特色
佳餚

炸牛肉排　1800日圓
將嚴格挑選過的牛腰肉，裹上細緻的麵衣後，僅油炸數十秒。柔嫩的五分熟肉令人越嚼越感受到那份美味。

GOURMET GUIDE

早餐旋風乃起源自東京
值得早起品嘗的無比美味早餐

全世界最好吃的早餐餐廳皆聚集於此,可謂早餐激戰區的東京。
就讓我們享用外觀華美的美味早餐,一同展開美好的一天。

COMMENTED BY 永井里奈 WRITER

(澀谷)

かふぇまめひこうえんどおりてん
Cafe Mame-Hico 公園通店

位於大樓2F的隱密咖啡廳。有如鬆餅般可愛外
觀的圓麵包為店內招牌,依時間帶不同,價格
會有所變動,早上8時~11時30分以380日圓的
價格提供。請和點餐後才開始磨豆,並淺焙或
深焙的咖啡一起享用。

☎03-6455-1475 附錄P9C2
渋谷区神南1-20-11造園会館2F JR澀谷站八公口步
行5分 8:00~20:30LO 無休 55

1 Half&Half Benedict 1750日圓。可享用到使用瑪芬的一般
口味,和使用白飯的和風口味,2種不同口味 2 設計為蛋
型的室內空間十分可愛 3 採光充沛的店內空間

(六本木)

えっぐせれんと
eggcellent

從飼料到飼養環境皆堅持高品質,以有機雞蛋
料理為傲的咖啡廳。以原創鬆餅粉做成溶於口
中的美味鬆餅1080日圓,以及使用店內現做
英式瑪芬餅製成的火腿蛋鬆餅最廣受好評。

☎03-3423-0089 附錄P13B3
港区六本木6-4-1六本木新城Hollywood Beauty Plaza
1F 地下鐵六本木站1C出口即到 7:00~21:00(週六
日、假日8:00~) 無休 96

1 深焙咖啡880日
圓,淺焙為940日
圓。圓麵包為
8:00~/11:30~各
380日圓/480日圓
2 也販售咖啡豆
3.4 店內為能感
受到木頭溫暖的療
癒空間

1

青山

とらや かふぇ あおやまてん

TORAYA CAFÉ 青山店

室町時代創業的老字號和菓子店「とらや」所開設的咖啡廳。提供使用「とらや」的紅豆餡，並重視和洋食材口味調和度而製成的甜點。牛奶穀片中加入紅豆皮和黃豆，香氣撲鼻。

☎03-5414-0141
MAP 附錄P5C3　港区南青山1-1-1 地下1F　地下鐵青山一丁目站4號出口即到　8:00～19:30 LO（週六11:00～17:30LO）　休週日、假日　席35

1 牛奶穀片（附飲料）651日圓。平日8～11時限定的早餐　2 沉穩配色的室內裝潢。因直通車站而不怕下雨

1

2

新宿

さらべす るみねしんじゅくてん

Sarabeth's LUMINE新宿店

被譽為「紐約早餐的女王」，受到全世界的上流名媛愛戴的餐廳。提供各式的經典美式早餐，健康且清淡的口味為最大賣點。鬆軟口感的法國吐司更是人氣絕頂！

☎03-5357-7535
MAP 附錄P15C3　新宿区新宿3-38-2 LUMINE新宿店LUMINE2 2F　JR新宿站南口即到　9:00～22:00　休不定休　席62

1 從創業至今廣受愛戴超過20年的Fluffy法國吐司1250日圓　2 店內也販售原創果醬

表参道

みすたーふぁーまー

Mr.FARMER

有著「田園傳道師」別稱的渡邊明所經營的沙拉＆麵包咖啡廳。大量使用從全國簽約農家直接進貨的新鮮蔬菜沙拉，還有煎蛋、三明治等餐點可供享用。

☎03-5413-4215
MAP 附錄P6D3　渋谷区神宮前4-5-12　地下鐵表参道站A2出口步行4分　9:00～20:00　休無休　席54

1 上頭放有蛋白蛋卷的白蛋卷墨西哥莎莎醬＆酪梨1825日圓　2 模擬美國西海岸的店內空間

1

2

GOURMET GUIDE

前往世界第一的魚市場
一早就想吃的築地早餐

築地市場被譽為全世界最大規模的魚市場。市場內與其周圍集結了為數眾多可品嘗到
新鮮海鮮的食堂！不妨於築地享用完早餐後，再起身前往觀光如何？

COMMENTED BY 宮田麻衣子 EDITOR

（ 場外 ）

せがわ
瀬川

以低廉的價格大啖極品鮪魚丼

1926（大正15）年於築地開設店鋪的老字號餐廳。在餐飲店雲集的「門跡通」中，作為鮪魚丼專賣店而聲名遠播。以2種醬油調製成的特製醬汁所醃漬的鮪魚柔軟香醇，和灑上風味豐富海苔的白飯可謂絕配。

☎03-3542-8878　MAP 附錄P20C1
🏠中央区築地4-9-12　🚶地下鐵築地市場站A1出口步行3分
🕐8:00～售完打烊　🚫週三、週日、假日、休市日　🪑6

1 鮪魚丼900日圓。為了鮪魚丼而慕名而來的顧客多不勝數
2 生長於築地的女將，精神抖擻　3 有如日劇場景般的可愛店面

築地市場要搬家了！

築地市場將於2016年11月7日搬遷至豐洲地區（ MAP 附錄P4E4）。「魚がし橫丁」的餐飲店將劃分為3個區塊，而商品販售店將集中於同一區塊。場外市場將存留於築地原址，有約60間鮮魚或蔬果專賣店進駐的「築地魚河岸」預計於2016年秋季開幕

提供：東京都中央批發市場

豐洲市場的整體完成預想圖

1 親切的壽司師傅會告知坐於吧台座的顧客當日推薦生魚片　2 主廚隨選握壽司全餐3780日圓。包含握壽司7貫和卷壽司、以及味噌湯

（場內）

だいわずし

大和寿司

從清晨便開始大排長龍的壽司店。利用地利之便，以低廉的價格提供顧客最頂級的當季生魚海鮮。生魚片厚實飽滿，新鮮程度無以匹敵，所以能讓顧客感受到宛如魚片融化於舌尖的口感，以及Q彈的嚼勁。

☎03-3547-6807　MAP 附錄P20C2
🏠中央区築地5-2-1築地市場6號館　🚇地下鐵築地市場站A1出口步行4分　🕐5:30～13:30　🈺週日、假日、休市日　🅿22

（場外）

にっぽんぎょこうしょくどう

にっぽん漁港食堂

位於築地日本漁港市場內，可品嘗到從日本全國各地匯集至築地的新鮮海鮮。店內隨時提供10種以上的「本日招牌魚」，其中也包括名字聞所未聞的珍奇魚種。招牌料理炸竹筴魚絕對不可錯過！

☎03-6264-3744　MAP 附錄P20C2
🏠中央区築地4-16-2　🚇地下鐵築地市場站A1出口步行3分　🕐9:00～15:00　🈺週三　🅿18

1 特選炸竹筴魚定食1250日圓。灑上鹽的竹筴魚去除了腥味，又令味道更加入味　2 主廚隨選生魚片拼盤定食2700日圓，包含每日不同的4種生魚片

1 炙燒和牛海膽丼4298日圓。將新鮮海膽放到炙燒的牛肉上，非常奢侈　2 海膽爭味丼-雅-6458日圓。拌入雞蛋，味道更濃郁可口

（場外）

つきじいたどり うにとらくらう

築地虎杖 うに虎 喰

築地唯一的海膽料理專賣餐廳。超過15種味道和香氣各異的海膽齊聚一堂。想一次品嘗多種海膽滋味的顧客，建議點選鋪上5種日本國產海膽的奢侈海膽爭味丼。海膽握壽司5種3477日圓～，也很受歡迎。

☎03-6324-4237　MAP 附錄P20C2
🏠中央区築地4-10-14　🚇地下鐵築地市場站A1出口步行4分　🕐10:00～22:00(週六8:00～、週日和假日8:00～15:00)　🈺無休　🅿33

GOURMET GUIDE

您是否已經大飽口福？
鬆軟可口的誘人東京鬆餅

鬆餅風潮已然進入尾聲？絕無此事！流行正方興未艾。
讓我們一同遍嘗眾所皆知的鬆餅名店以及海外引進的新興店鋪吧。

COMMENTED BY 亙未央 WRITER

1 可愛的店內空間
2 紅色看板為一大特徵
3 鹹牛奶糖和堅果香蕉
鬆餅1050日圓

〔三軒茶屋〕

ばんけーきままかふぇ ヴぉいヴぉい
Pancake MaMa cafe VoiVoi

以日本國產麵粉和酪奶製成的「酪
奶鬆餅」為店內最為自傲的原創餐
點。使用能平均受熱的美國製鐵
板，顧客點餐後再由廚師用心地煎
製而成。基本款的經典酪奶鬆餅
700日圓也在推薦名單之中。

☎03-3411-1214 ᴍᴀᴘ 附錄P24A3
🏠世田谷区三軒茶屋1-35-15 ❗東急田園
都市線三軒茶屋站南口即到 🕐11:30～
20:00(週四、五～21:00、週六日和假日
11:00～) ❌不定休 🅿22

〔淺草〕

こーひー てんごく
珈琲 天国

店內提供以銅板煎製的美味鬆餅，
裡面蓬鬆、外頭酥脆。享用過淺草
著名的天婦羅後，可作為餐後甜點
的清爽口感為其最大的特徵。咖啡
杯底還能占卜當日運勢，喝完後別
忘了一窺究竟！

☎03-5828-0591 ᴍᴀᴘ 附錄P23A2
🏠台東区浅草1-41-9 ❗地下鐵淺草站1號
出口步行8分 🕐12:00～18:30LO
❌週二 🅿15

1 鬆餅550日圓，搭配
咖啡或紅茶成套餐
1000日圓 2 甘甜的
香氣瀰漫於店內

原宿

うずな おむおむ びーわん
uzna omom b one

坐落貓街，來自台灣的咖啡廳「uzna omom」2號店於2015年6月隆重開幕。店內的人氣餐點為過去只在台灣店提供的「特製厚鬆餅」。搭配的醬料為楓糖糖漿或蜂蜜和奶油。

☎03-6427-2779　MAP附錄P7B3　🏠渋谷区神宮前5-17-8ベルコート芙蓉B1F　🚃地下鐵明治神宮前〈原宿〉站7號出口步行8分　🕐12:00～20:00(週六日、假日11:00～20:00)　❌週一、第1週二　🪑33

1 特製厚鬆餅(雙層)1700日圓
2 玻璃窗的店內空間寬敞明亮

1 面對馬路的明亮店內空間　2 帝國草莓鬆餅1650日圓（11:00～16:00提供）※服務費另計

日比谷

おーるでいだいにんぐ ぱーくさいどだいなー
全天候餐廳
Parkside DINER

位於帝國飯店1F。店內提供從1953(昭和28)年至今味道持續不變的鬆餅，即使不是鬆餅迷也想一嘗的正宗滋味。在徹底的溫度管理下，煎製的平滑鬆餅表面有如藝術品般優美。

☎03-3539-8046　MAP附錄P19A2　🏠千代田区内幸町1-1-1　🚃地下鐵日比谷站A13出口步行3分　🕐6:00～23:00LO　❌無休　🪑160

原宿

れいんぼー ぱんけーき
RAINBOW PANCAKE

位於原宿巷弄內的人氣鬆餅店。加入蛋白霜的鬆軟質地鬆餅厚度約3cm。堅果和當季水果等配料的種類也十分豐富多元。1F另外設有包廂（9:30～21:00※預約制）。

☎03-6434-0466　MAP附錄P7C2　🏠渋谷区神宮前4-28-4 1、2F　🚃JR原宿站竹下口步行7分　🕐10:00～17:00LO　❌週二（逢假日則翌日休）　🪑19

1 澳洲胡桃醬鬆餅1250日圓
2 柔和色調的裝潢別具特色

GOURMET GUIDE

愜意度過優雅的片刻時光
可愛少女般的懷舊風咖啡廳

彷彿異世界般的古典空間令人不禁陶醉其間。
遙想往昔的優雅紳士淑女們，度過繽紛浪漫的片晌時光。

COMMENTED BY 宮田麻衣子 EDITOR

(青山)

うえすと あおやまガーでん

WEST AOYAMA GARDEN

置身於豪華頂級的沙龍
品嘗最高級的奢侈甜點

1947（昭和22）年於銀座創業的老字號西
點店所開設的旗艦咖啡廳。店內空間寬敞舒
適，露臺座位可攜帶寵物陪伴。熱舒芙蕾
1188日圓，或溶岩巧克力蛋糕972日圓等青
山ガーデン店限定的甜點也不容錯
過。

☎03-3403-1818
📍附錄P13A1
🏠港区南青山1-22-10　🚇地下鐵
乃木坂站5號出口步行3分
🕐11:00～20:00　休無休　席66

SHOP DATA

1 蛋糕套餐1296日圓。酥脆的質
地內夾入了卡士達醬　2 座位間隔
寬敞，令人度過奢侈的時光　3 採
光充沛的明亮沙龍　4 在被綠意圍
繞的露臺座位偷閒休息　5 葉片派
8片裝1188日圓，是經典的伴手禮

1 於優雅的空間內享用美妙的甜點　2 草莓聖代1730日圓。手工特製的香草冰淇淋和草莓絕配

銀座

しせいどうぱーらー　ぎんざほんてん　さろん・ど・かふぇ

資生堂Parlour 銀座本店 SALON DE CAFE

繼承1902（明治35）年創業的資生堂Parlour傳統的咖啡廳。除了有招牌的冰淇淋和草莓聖代之外，也提供使用當季水果的甜點。使用於銀座採收的蜂蜜製成的法國吐司更是廣受好評。

☎03-5537-6231（不接受預約）　MAP 附錄P19B3
🏠中央区銀座8-8-3東京銀座資生堂大樓3F　🚉地下鐵銀座站A2出口步行7分　🕐11:30～20:30LO（週日、假日～19:30LO）　🈑週一（逢假日則營業）
🪑52

1 高聳的天花板營造出寬敞的店內空間。柱子細部的處理如實重現了往昔圖案　2 Café 1894自製的經典蘋果派907日圓

丸之內

かふぇ　いちはちきゅうよん

Café 1894

三菱一號館美術館所附設的美術館咖啡廳兼酒吧。忠實復原於1894（明治27）年所建設的建築，瀰漫著古典懷舊的氣氛。和美術館舉辦的展覽合作推出的菜單也不可錯過。

☎03-3212-7156　MAP 附錄P17B4
🏠千代田区丸の内2-6-2
🚉JR東京站丸之內南口步行5分
🕐11:00～22:00LO　🈑不定休　🪑128

1 符合老字號的高格調空間
2 可供點選的6種蛋糕套餐950日圓。圖片為紐約起司蛋糕，附咖啡或紅茶

新宿

しんじゅくらんぶる

新宿らんぶる

1950（昭和25）年創業的古典樂咖啡廳。地下寬敞的大廳擺設著巨大階梯、水晶燈、以及絲絨沙發，充滿著昭和時期的懷舊氛圍。聆聽著古典音樂在此度過極致幸福的時光。

☎03-3352-3361　MAP 附錄P14D3
🏠新宿区新宿3-13-3　🚉地下鐵新宿三丁目站A2出口即到　🕐9:30～22:30LO　🈑無休　🪑220

GOURMET GUIDE

脫胎換骨為優質空間
於翻新整修的咖啡廳內放鬆

古家屋、倉庫、大樓⋯⋯「重新裝潢後竟能脫胎換骨得如此驚艷！」令人嘖嘖稱奇。
店內所見或店主人的獨特堅持品味都是魅力所在。不妨特地造訪一探究竟吧。

COMMENTED BY 亙未央 WRITER

西荻窪

しょうあんぶんこ
松庵文庫

穿梭時空回到昭和時代
盡情享受於悠閒之時光

將棲身於住宅區內，屋齡80年的寧靜古民家重新裝潢後，對外營業的藝廊&書店咖啡廳。以「分享」為主要概念，1F為咖啡廳、藝廊和商店。2F設有自由空間，會舉辦瑜珈教室或料理教室等多彩多姿的活動。中庭植有樹齡100年的杜鵑樹，迎接著您的到來。

1 從入口便能感受到木造建築的溫度 2 於開放式廚房準備飲料的宜人聲音響遍店內 3 滴漏咖啡550日圓、胡桃咖啡磅蛋糕480日圓

SHOP DATA

☎03-5941-3662 MAP附錄P3A2
🏠杉並区松庵3-12-22 🚉JR西荻窪站南口步行10分 🕐11:30～18:00 休週一、二
📖24

いずまい
イズマイ

馬喰町的人氣咖啡廳「フクモリ」的姊妹店。將倉庫翻新後重新開幕的咖啡廳內，還販售著新書或二手書等各種各類的書籍。也務必試試由原KIHACHI廚師百瀨壽郎所監製的肉派360日圓。

☎03-5823-4222
MAP附錄P4E2 🏠千代田区東神田1-14-2パレットビル1F 🚃地下鐵馬喰橫山站2號出口步行2分
🕐10:00～21:00（週日～19:00）
休不定休 席14

---

1 店內深處設有供顧客放鬆休息的沙發座　2 肉派和精心滴漏的イズマイ品牌咖啡400日圓可謂絕配

こぐま
こぐま

重新裝潢建於1927（昭和2）年的藥局而成的咖啡廳。熱銷午餐為使用三角豆製成的自製焗烤咖哩飯1000日圓、以及大分量蛋包飯1000日圓等。二手書和櫥櫃藝廊也是店內賣點之一。

☎03-3610-0675
MAP附錄P22E1 🏠墨田区東向島1-23-14 🚃東武晴空塔線曳舟站西口步行8分 🕐10:30～18:30
休週二、三 席14

---

1 善用藥局當時裝潢的店內空間
2 餡蜜凍500日圓（搭配飲料成套餐，飲料折價150日圓）

いりやぷらすかふぇ かすたむそうこ
Iriya Plus Café Custom倉庫

將2層建築的舊木造倉庫改裝而成的「iriya plus café」2號店。邊啜飲有機豆咖啡的同時，邊欣賞店內的裝潢擺飾乃一大享受。其中多為店主至芬蘭精挑細選的優質商品。2F為藝廊。

☎03-5830-3863
MAP附錄P23A3 🏠台東区寿4-7-11 🚃地下鐵田原町站2號出口步行3分 🕐11:00～20:00（週日、假日～19:00）休週一（逢假日則翌日休）席30

---

1 天花板高聳營造出寬敞的空間感
2 鮮奶油法國吐司680日圓、咖啡拿鐵400日圓

GOURMET GUIDE

必須事先預約的熱門名店
給好酒者的酒吧&小酒館清單

東京都內聚集了眾多即使需要預約，還是讓人想造訪的知名酒吧&小酒館。
請恣意品嘗店內自傲的料理和美酒，在極致的空間內度過浪漫醉人的夜晚。

COMMENTED BY **亙未央** WRITER

（高田馬場）

らみてぃえ
L'AMITIE

自2005年開幕後，因其料理美味程度和高
CP值而獲得廣大迴響，一位難求的熱門人
氣酒吧。店長兼主廚的宮下先生秉持著「理
所當然地提供最美味的牛排」的信念，每日
挑選當天最美味的牛肉部位呈獻給顧客。訂
位日的1個月前開始受理預約。

☎03-5272-5010 **MAP** 附錄P5B2
🏠新宿區高田馬場2-9-12 1F 🚃JR高田馬場站早稻田
口步行7分 🕐12:00~13:30LO、18:00~22:00LO
※須預約 🈺週一、第2週二 🪑24

1 前菜和主菜套餐2800日圓。圖片為人氣的沙朗牛排
和肉派 2 顯眼的紅色店面外觀 3 預約午餐最多接受
6位、晚餐4位

（八丁堀）

まる にかい
MARU 2F

位於酒類專賣店「宮田屋」2F，可體驗到正
宗西班牙氣氛的酒吧。最大特徵為可以低廉的
酒類專賣店價格享用到種類豐富的酒品。位於
店內中央位置的吧台座位，可欣賞到廚師將整
塊火腿切片等臨場感十足的表演。剛出爐的西
班牙海鮮燉飯人氣絕頂，美味絕倫。

☎03-3552-4477 **MAP** 附錄P4D3
🏠中央區八丁堀3-22-10 2F 🚃地下鐵八丁堀站B1出
口即到 🕐16:30~23:00(第1、3週六16:00 -)
🈺週日、假日、第2、4週六 🪑60

1 土雞海鮮燉飯1人份1296日圓(至少需點2人份)以及紅
酒燉日本國產黑毛和牛臉頰肉1598日圓 2 店內播放
著拉丁音樂 3 紅色螢光燈炫彩奪目

澀谷

みにょん
miniyon

可輕鬆品嘗葡萄酒的自然派法國料理小酒館。著名菜色為以法國料理的技術和傳統為基礎，改良而成的鑄鐵鍋料理。料理使用的是精心挑選的蔬菜食材。提供的葡萄酒則是以價位3980～6000日幣左右的勃艮第葡萄酒為主。

☎03-3486-3244 MAP附錄P8F4
🏠渋谷区渋谷3-14-5 ♥JR澀谷站東口步行8分 🕐11:45～14:00LO、18:00～24:00（週五11:45～14:00LO、18:00～翌2:00，假日前18:00～翌2:00）🚫週日、假日（假日需另洽詢）📷25

1 鑄鐵鍋燉牛筋搭配醬醬吐司980日圓以及巴斯克產生火腿和洋梨烤糖長山核桃840日圓　2 1F的吧台座位

學藝大學

おすてりあ ばる りかーりか
Osteria Bar Ri.carica

宛如店名「Ri.carica」有著「再充電」的意涵，酒吧是附近居民休閒放鬆的最佳去處。店內主要販售自然風、以及灌注了生產者心血的各式葡萄酒。料理也是使用能一窺生產者面貌的精選食材。

☎03-6303-3297 MAP附錄P5B4
🏠目黒区鷹番2-16-14地下1F
♥東急東橫線學藝大學站東口即到
🕐18:00～翌1:00LO
🚫無休 📷24

1 Ri.carica和牛牛排200g 2800日圓和5種前菜拼盤（2人份）2000日圓　2 從店內全部座位皆可見到活力充沛的廚房

銀座

おれのいたりあん とーきょー
俺のイタリアン TOKYO

由曾在米其林三星餐廳等，義大利各地修練廚藝的主廚們所開設的正宗義大利料理餐廳。除了招牌義大利菜色之外，還提供別具特色的創意鄉土料理等豐富多元的料理。

☎03-5579-9915
MAP附錄P18D1 🏠中央区銀座1-8-19地下1F ♥地下鐵銀座一丁目站7號出口即到 🕐15:00～22:15LO（週六日、假日12:45～）🚫不定休 📷144

1 可品嘗到3種肉品的俺的BBQ（肉類拼盤）1706日圓，美味絕倫　2 店中央擺設著鋼琴

GOURMET GUIDE

今晚是著名餐廳的肉食祭典！
恣意享用頂級美味肉品

國外的知名餐廳接踵登陸日本，肉食旋風仍持續發燒
今晚就讓我們遍嘗黑毛和牛、熟成肉等鮮嫩多汁的美味肉品，好好地飽餐一頓。

COMMENTED BY 清水千尋 WRITER

(表參道)

ばるばっこあ あおやまほんてん

BARBACOA 青山本店

創業20年以來深受大眾的喜愛，巴西的BBQ料理——巴西烤肉（Churrasco）專賣店。約15種使用肉質軟嫩的黑安格斯牛製成的巴西烤肉，放入椰子芽等珍奇食材的沙拉和熟食等，40種以上的餐點任君挑選。

☎03-3796-0571 MAP 附錄P7C3
🏠 渋谷区神宮前4-3-2TOKYUREIT表參道スクエア地下1F
🍴地下鐵表參道站A2出口步行5分 ⏰11:30～14:00LO、17:30～22:00 LO（週六11:30～15:00LO、17:30～22:00 LO※週日、假日晚餐～21:00LO） 休無休 席190

1 廚師就在面前切下肉片 2 巴西烤肉BBQ 3880日圓（平日午餐價格）。巴西烤肉和沙拉吧，還附有甜點吃到飽 3 店內氣氛有如置身於巴西

1 1頭牛只能提供2人份的極品牛舌2700日圓 2 沙朗牛壽喜燒1620日圓 3 烤肉設備設計為不會產生煙臭味。種類豐富的葡萄酒，每瓶均一價2900日圓

(惠比壽)

うしごろ ばんびーな えびすひるとっぷてん

うしごろバンビーナ 惠比寿ヒルトップ店

西麻布的熱門名餐廳「燒肉うしごろ」的姊妹店。以合理的價格提供最高級的A5等級日本國產黑毛和牛。葡萄酒的種類豐富齊全，每瓶均一售價2900日圓。木頭紋路和清水模建構的時尚空間，另外還設有包廂。

☎03-3760-1129 MAP 附錄P10E3
🏠 渋谷区惠比寿南1-18-9TimeZoneヒルトップビル2F
🍴JR惠比壽站西口步行5分 ⏰17:00～23:00LO 休無休 席50

1 高格調的寬敞空間
2 約400g大分量的肉品料理。尊榮紐約沙朗牛排8640日圓

うるふぎゃんぐ すてーきはうす ろっぽんぎてん
Wolfgang's Steakhouse 六本木店

令美食家讚不絕口的紐約牛排店。被美國農業部認定為最高等級的牛肉，熟成到最佳食用時機。店內還提供以900℃的烤箱瞬間烤製而成的頂級大塊牛排。

☎03-5572-6341 　MAP附錄P13C2
🏠港区六本木5-16-50　🚇地下鐵六本木站3號出口步行5分　🕐11:30〜22:30LO　休無休
席178

てっぱんやき やっぱ
鉄板焼 やっぱ

位於2015年新開幕的「澀谷肉橫丁 離」裡的鐵板燒餐廳。由在銀座著名餐廳修練的廚師掌廚，提供顧客低廉價格的嚴選山形牛肉和山形豬肉。肉壽司、起司烤里肌豬肉和豬平燒也很受到顧客的喜愛。

☎03-5456-9608　MAP附錄P9C3
🏠渋谷区宇田川町13-8ちとせ會館3F　🚃JR澀谷站八公口步行5分　🕐17:00〜24:00（假日前日〜翌5:00）　休無休　席26

1 肉壽司8貫680日圓。用牛五花肉包裹而成的押壽司以鐵板煎烤，淋上甜辣醬汁的極品　2 路邊攤風格的隨性氣氛

1 坐著慢慢享用吧　2 『特選』5種最高級「黑毛和牛」拼盤3280日圓，可品嘗到不同部位的味道

おれのやきにく ぎんざきゅうちょうめ
俺の燒肉 銀座9丁目

可以合理價格品嘗到使用頂級食材料理，著名的「俺の」系列燒肉店，可享用到精心挑選的美味黑毛和牛。店內全為座椅座位更是加分。

☎03-6274-6653　MAP附錄P19A4
🏠港区新橋1-5-6　🚃JR新橋站銀座口即到
🕐11:30〜13:30LO、16:00〜22:30LO（週六、假前日11:30〜14:00LO。週日、假日11:30〜14:00LO、16:00〜21:30LO）　休不定休　席74

GOURMET GUIDE

璀璨繽紛的夜景點燈和
絕品料理的完美組合

晚餐時光想要小小奢侈一下！推薦有著絕美夜景的餐廳給這麼想的你。
於東京僅有的絕佳景觀餐廳享用的料理和洋酒別有一番風味。

COMMENTED BY 亘 未央 WRITER

(芝公園)

てらす だいにんぐ たんご
Terrace Dining TANGO

提供使用來自日本各地食材的燒烤料理餐
廳。東京鐵塔近在眼前，鐵塔燈光揮灑於餐
廳的露臺座位，醞釀出美妙的晚餐時光。露
臺座位最早可於2個月前開放預約，想預約
請趁早。

☎03-5733-6866 ▨▧ 附錄P12E3
🏠港區芝公園3-5-4 1F 🚇地下鐵赤羽橋站赤羽橋口
步行5分 🕙11:30〜14:00LO、17:00〜23:00LO（週
日〜21:30LO）休無休 💺130

1 南國情調裝潢的繽紛露臺座位。壯麗的景色為最大魅
力之處　2 令人放鬆安心的店內空間　3 燒烤上州菲力
牛肉100g 2862日圓

(竹芝)

れいんぼーぶりっじびゅーだいにんぐあんどしゃんぱーばー まんはったん
Rainbow Bridge View Dining &
Champagne Bar MANHATTAN

有可品嘗到紐約燒烤和法國料理全餐的晚餐
區域，以及香檳吧的露臺區域。2塊區域皆
能將彩虹大橋和東京灣盡收眼底，而以美景
餐廳聲名大噪。吉本廚師所製作的料理更是
絕頂美味。

☎03-5404-3921 ▨▧ 附錄P20B4
🏠港區海岸1-16-2東京灣洲際酒店6F 🚇直通百合海
鷗線竹芝站 🕙17:30〜21:00LO（香檳吧〜22:00
LO）休無休 💺80

1 東京灣和彩虹大橋近在眼前的露臺區域　2 全餐
「LIBERTE」1位8799日圓（服務費另計）　3 玻璃窗
包圍的店內空間，夜景飽收眼底

1 推薦料理為Joe's 特製
蟹肉小籠包＆豬肉小籠包
（各2個）980日圓
2 NY風格的極致豪華空
間

(池袋)

じょーず しゃんはい
JOE'S SHANGHAI

位於池袋陽光城59F，可將東京鐵塔盡收
眼底。店內提供熱門的Joe's 特製蟹肉小
籠包等，廣受全世界的富人名媛愛戴的頂
極養生中華料理。

☎03-5952-8835　MAP附錄P5C1
🏠豐島区東池袋3-1-1 59F　🚉JR池袋站東口步行8
分　🕐11:30～14:30LO、17:30～22:00LO（週
六、假日前日11:30～15:00LO、17:00～21:00
LO、週日、假日～21:00LO）　🈚無休　🅿112

(丸之內)

かさぶらんかしるく
Casablanca Silk

店內提供將使用香草和蔬菜烹飪的越南料
理，加入法國料理要素交織而成的創意料
理。使用8小時燉煮而成的肉湯製成的香草
蛤蜊河粉1749日圓，可謂美味極品。

☎03-5220-5612　MAP附錄P17B3
🏠千代田区丸の内2-4-1 5F　🚉JR東京站丸之內南
口步行2分　🕐11:00～14:30LO、17:30～22:
00LO（週六日、假日11:00～15:00LO、17:30～
21:00LO）　🈚不定休　🅿130

1 可從店內遠眺東京站丸之內站
舍　2 可品嘗到加入民族風要素
的法國料理全餐1名6380日
圓～，大受歡迎

1 帶骨烤豬里肌肉和主廚推薦的
燒烤海鮮　2 隔著玻璃窗可見彩
虹大橋

(台場)

だいにんぐあんどばー すたーろーど
DINING & BAR「Star Road」

提供法國風味料理的餐廳＆酒吧。店內空
間全為面海的玻璃窗，可將東京鐵塔和彩
虹大橋一覽無遺。

☎03-5500-6605　MAP附錄P24A1
🏠港区台場2-6-1東京台場日航大酒店30F　🚉直通
百合海鷗線台場站　🕐6:30～10:00、11:30～
15:00、17:30～21:00（酒吧～23:00）
🈚無休　🅿206

小酌微醺的居酒屋街
「惠比壽橫丁」和「有樂町高架下」

東京都內貪杯者所聚集的熱鬧非凡居酒屋街就位於高架橋之下。
架勢十足的店員和此起彼落的「乾杯」聲是最佳的下酒佳餚。

COMMENTED BY 亘未央 WRITER

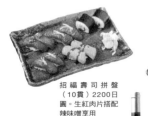

招福壽司拼盤
（10貫）2200日
圓。生紅肉片搭配
辣味噌享用

最推薦店家從義大利進貨
的葡萄酒，日本未販售
（1瓶2700～）

招牌菜！炙烤牛肉壽司
780日圓。將日本國產
牛肋眼排切為薄片，並
於客人面前炙烤的人氣
料理

惠比壽橫丁

鋪進駐
利用公設市場原址設立的惠比壽橫丁共有20家店

(惠比壽)

かとうしょうてん にくずし
加藤商店 肉寿司

使用馬肉的肉壽司專賣店。推薦菜色
為招福壽司拼盤。可品嘗到生紅肉
片、五花肉、中油脂肉、烤牛肉和卷
壽司等5種風味。一次享受到帶有甜
味的五花肉、融於舌尖的中油脂肉等
不同部位的口感。

☎03-3444-7005 MAP 附錄P10E1
🏠渋谷区恵比寿1-7-4 🚉JR惠比壽站西口即
到 🕐17:00～翌5:00 🈂無休 🈸38

設有可欣賞壽司師傅製作
壽司的吧台座位以及桌椅
座位

白肝醬（附法國麵包）
600日圓。日式風格的自
製餐點

活用大蒜和義大
利香醋的紅蘿蔔
沙拉500日圓，
也值得推薦

容易入口但後勁濃
厚的葡萄酒LAS
HERMANS（玻璃
杯1杯）750日圓

(惠比壽)

びすとろ ままん
Bistro maman

以適合搭配酒的料理為主，可同時享受
美食和飲酒的當紅店家。價位合理的下
酒菜500～600日圓，品項應有盡有，
是本店的魅力之處。別具特色的葡萄酒
瓶標籤豐富多樣，也是本店的獨到特徵
之一。

☎03-5420-8989 MAP 附錄P10E1
🏠渋谷区恵比寿1-7-4 🚉JR惠比壽站西口即到
🕐18:00～翌3:00 🈂週日、假日 🈸26

Bistro mama

好酒者聚集的店內空間。
想再多喝一杯時最適合來
到此處

惠比壽橫丁入口的招牌點亮後，歡樂的饗宴隨即展開。舉高啤酒乾杯吧！下一杯該喝什麼呢…真是幸福的煩惱
3 部分店家會在餐點上桌時提供表演！在客人面前炙烤的肉塊令人食指大動。圖片為加藤商店 肉寿司

有樂町高架下

多家店鋪將有樂町高架橋下擠得水洩不通。適合喝酒續攤的好所在

熊本的鄉土料理芥末蓮藕626日圓，和燒酎的關直絕配

繪有酷MA萌圖案的瑞麗 酷MA萌杯子各324日圓，也很受歡迎

可品嘗到上頸肉和特級五花肉等4種馬肉的熊本特選拼盤2138日圓

有樂町

うまかばい

馬かばい!

位於有樂町產地直銷美食街「ぶんか横丁」內的店鋪。可品嘗到使用從熊本冷藏直送的新鮮馬肉料理。也提供東京都內罕見的馬內臟。此外，還有適合下酒的芥末蓮藕等熊本特產。

☎03-3597-7999
MAP附錄P19B2
🏠千代田区有幸町2-1-1International Arcade内❗JR有樂町站銀座口步行5分 🕐16:00～翌5:00(週日、假日～23:30) 休不定休 席50

一進入店面迎面而來的是氣勢十足的奔馬繪像

有樂町

とらっとりあ ちゃお

Trattoria Ciao

深受歡迎的義大利風居酒屋。四種起司披薩售價1728日圓，有著以石窯燒烤的Q彈質地，只鋪上古岡佐拉起司等4種起司，簡單卻令人回味無窮的美味披薩。推薦吃法為淋上蜂蜜享用。

☎03-3506-0035 MAP附錄P19A2
🏠千代田区内幸町1-7-19 1F❗JR有樂町站銀座口步行5分
🕐11:30～14:30、17:00～23:30 休無休 席80

令人感受到木頭溫度的室內空間，重現了義大利的氣氛

以高溫的石窯快速燒烤而成的蓬鬆披薩，是店內的自傲餐點

盛於石鍋內的帕瑪森起司燉飯（M）1404日圓，為店內招牌

店員就在面前將生火腿切成薄片（M）1512日圓

從義大利直接進口的葡萄酒有紅酒、白酒、店酒各3240日圓～，種類豐富多元

085

將旅行One Scene融入生活

阿美橫丁

從JR上野站至御徒町站約400公尺的距離被稱為阿美橫丁，聚集了食品、服飾店、世界各國餐廳，或是從白天就開始營業的平價居酒屋等眾多店鋪。由於大多數的商店提供的價格為批發價，所以從過去這裡就因商品便宜而受到消費者的青睞。充滿朝氣的叫賣聲以及此起彼落的殺價聲，仍維持著二戰結束當時黑市交易的活力與熱絡。被阿美橫丁的往昔氣氛所吸引，至今仍有大批人群至此用餐和採購。

1 代表阿美橫丁的拱型招牌，字體還保留著昭和時代的餘韻 2 想飽餐一頓時就前往攤販用餐。世界各國的平民料理供君挑選 3 樣素簡單的桌椅一直排到店外的居酒屋，大多從早上便開始營業 4 道路兩側擁擠的店家，代表阿美橫丁的活潑朝氣 5 保留往昔風格的新鮮魚店以及蔬果店。朝氣蓬勃的叫賣聲不絕於耳

→椰子油670日圓
（1000㎖）

作為手工肥皂的原料而
大受歡迎。也可使用於
料理增添美味

↑阿薩姆 CTC
（印度奶茶用）
420日圓（200g）

印度原產的印度奶茶用
茶葉。擁有不少死忠的
女性客戶

←Venta delBaron
2980日圓（500㎖）

曾榮獲國際競賽最優秀
獎的西班牙產橄欖油

かわちやしょくひん
カワチヤ食品

從2戰後的黑市時期開業，現今為主
要販售肥皂原料以及紅茶等多元商品
的老字號店鋪。使用於製作肥皂的油
約有40種，紅茶種類則是多達70
種。此外，還販售來自全世界超過
30個國家的辛香料和調味料。

☎03-3831-2215　MAP附錄P21B4
🏠台東区上野4-6-12　🚉JR上野站不忍口步行8分
🕐10:00～19:00　休週四

↓完全無化學添
加品的綜合烤堅
果 730日圓
（250g）

不使用鹽和油，能
品嘗到食材原味和
香氣的烤堅果

↑新鮮出爐
開心果
500日圓（70g）

於店門口的烘烤機
新鮮製作的開心
果。攜帶方便，是
邊走邊吃的最佳良
伴

↑加州產
完熟杏桃乾
1200日圓
（300g）

水果乾中最熱銷的
商品。甜度和酸味
取得了絕佳的平衡

こじまや
小島屋

2戰結束不久後創業的堅果和水果
乾專賣店。店家自行烘製堅果，是
連著名酒店以及高級酒吧都會前來
採購的高品質下酒菜。水果乾也是
由店家親自前往產地精心挑選出的
特級商品。

☎03-3831-0091　MAP附錄P21B4
🏠台東区上野6-4-8　🚉JR上野站不忍口步行8分
🕐10:00～18:50（週三～18:30）　休不定休

←哈密瓜水果
切片 100日圓

全年提供甜度高的
哈密瓜切片。紅肉
哈密瓜200日圓，
也不容錯過

↑鳳梨水果
切片 100日圓

新鮮多汁的鳳梨水
果切片，全年都能
輕鬆享用

←晴王
麝香葡萄
3000日圓

由於店內販售
日本全國當季
水果，所以最
適合在此購買
伴手禮

ひゃっかえん うえのだいいちてん
百果園 上野第 1 店

以批發價販售新鮮的水果，保留著
往昔風貌的水果店。是將水果插在
竹籤上的「水果切片」創始店，已
經成為上野的特色之一。視季節也
會販售草莓或西瓜。

☎03-3832-2625　MAP附錄P21B3
🏠台東区上野6-10-13　🚉JR上野站不忍口步行5分
🕐10:00～19:00　休週三（逢假日則翌日休）

↓炸火腿排 300日圓

店內的招牌菜之一。也
有內餡為薯泥或是起司
的

↑燉牛筋
150日圓

立飲店的必點餐
點。在嘴中融化
的口感，讓人想
再多喝一杯

←Hoppy（白）
350日圓

下町從古至今的招
牌啤酒就是Hoppy。
和燉煮料理可謂絕
配

たちのみかどクラ
立飲みカドクラ

於2009年開幕的燒肉連鎖店
的立飲（站著喝）店。提供的
料理除了立飲店的招牌菜色
外，還有豐富的肉類和鐵板燒
料理。店內不乏女性顧客，甜
點也一應俱全，最適合第一次前往立飲店的人。

☎03-3832-5335　MAP附錄P21B3
🏠台東区上野6-13-1フォーラム味ビル1F　🚉JR上野站不忍口步
行5分　🕐10:00～23:00LO　休無休　席85

現今最受矚目的區域和SHOP都在這裡
TOKYO購物 & 美食指南

從流行發信基地到歷史悠久的下町，東京每條街道都各具特色，光是散步其間就樂趣無窮。
聚焦於其中倍受注目的街區，並精選了最具話題性的店家。

COMMENTED BY 宮田麻衣子 EDITOR

(AREA 01)

熱門 & 人氣店鋪齊聚一堂

はらじゅく・おもてさんどう・あおやま

原宿・表參道・青山

表參道・青山一帶匯集了高雅的服飾店和雜貨店，以及著名廚師掌廚的餐廳。原宿周邊則是擁有不少受到年輕人喜愛的品牌商店、甜點店和時尚咖啡廳。為了造訪明治神宮和美術館而前來的人也不在少數。

MAP 附錄P6-7

1 常被作為時尚雜誌外拍地的表參道。每年12月起，欅樹行道樹會掛上暖色系的LED燈，並於夜間點亮璀璨街景　2 位於青山的明治神宮外苑。長約300m的銀杏行道樹遠近馳名　3 服飾店、雜貨店和可麗餅店等雲集的原宿竹下通

4 日本國內外的服飾店和「bills 表參道」（→P124）進駐的「東急Plaza表參道原宿」。 5 表參道的象徵「表參道Hills」。同時能享受到購物和美食的樂趣 6 此區域有許多海外品牌於日本開設的第一家店。龍蝦捲專賣店「LUKE'S表參道店」（→P51）於2015年首度進出日本 7 於露臺座位稍作歇息。圖片為「ANNIVERSAIRE Café＆Restaurant表參道」（→P124） 8 明治神宮（→P124）的清正井，據說設成手機畫面能讓運勢好轉 9 從嶄新想法中誕生的特色甜點一字排開「DOMINIQUE ANSEL BAKERY TOKYO」（→P91） 10 店面裝潢時尚的店鋪多不勝數。圖片為「GOOD TOWN DOUGHNUTS」（→58）

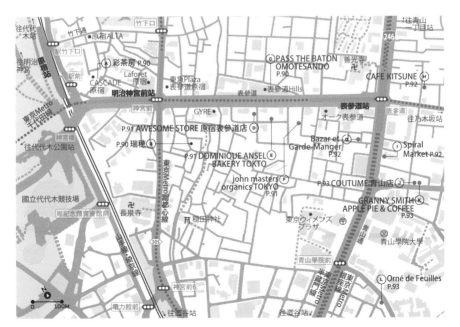

滷肉飯（小）和麵線（小）的半份套餐
850日圓。檸檬鐵觀音茶M 450日圓

自創業當時販售至今的豆大福216日
圓。裡頭是滿滿的豆沙餡

手帕1944日圓。將多餘的布料縫製
而成的手帕

棉雲奶茶550日圓。奶茶加上棉花糖
等配料

藏身於從明治通進入的小巷弄內。有著顯
眼的日式布簾和豆大福的招牌是一大特徵

具有特色且富有韻味的項鍊。THE
ATTIC-從閣樓小屋翩然現身-5400日圓

位於2015年10月開幕的熱門美食設
施「CASCADE原宿」1F

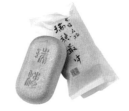

小判金幣形狀的最中，1個140日圓。店
內的販售商品只有豆大福和圖片裡的最中

除了重製商品之外，店內的骨董雜貨
和食器種類豐富多樣

原宿 ──────Ⓐ

さいさぼう

彩茶房

觸角遍布全世界的台灣茶咖啡店的
日本品牌。以使用阿里山茶葉的高
級茶、以及岩鹽和濃厚香甜起司的
嶄新組合「岩鹽起司系列」最受歡
迎。以夜市小吃為主題的台灣美食
也廣受好評。

☎03-6455-5423　MAP附錄P7B2
♠渋谷区神宮前1-10-37　♥JR原宿站
表參道口即到　⏰11:00～21:30LO
㉻無休　🅿42

原宿 ──────Ⓑ

みずほ

瑞穗

於裏原宿開店將近30年的和菓子店。
鎮店商品豆大福有著可嘗到紅豆原味
的甜度適中豆沙餡，以及Q彈外皮的
口感。紅豆恰到好處的鹹味是其最大
魅力所在。由於商品受歡迎，到下午
便銷售一空，所以建議趁早前往。

☎03-3400-5483　MAP附錄P7B3
♠渋谷区神宮前6-8-7　♥地下鐵明治
神宮前（原宿）站7號出口步行5分
⏰9:00～售完打烊　㉻週日

表參道 ──────Ⓒ

ぱすざばとん おもてさんどう

PASS THE BATON
OMOTESANDO

販售人氣原創重製商品的複合品牌
二手店。在這裡可以購買得到其他
商店找不到的骨董小物和食器等獨
一無二商品。品項包含服飾和雜貨
等，商品應有盡有。

☎03-6447-0707　MAP附錄P7C3
♠渋谷区神宮前4-12-10表參道Hills西
館地下2F　♥地下鐵表參道站A2出口
即到　⏰11:00～21:00（週日、假日～
20:00）　㉻準同表參道Hills

抱枕套1組313日圓〜。色彩圖案豐富，任君挑選

日本限定的Paris Tokyo756日圓。內餡為抹茶甘那許和香草

除了john masters organics之外，還販售其他4種有機品牌

濕紙巾1盒205日圓。設計成啤酒罐的流行款式造型

DKA594日圓。奶油香氣撲鼻的法國傳統西點──焦糖奶油酥

可當場飲用的冷壓果汁200mℓ1080日圓，全10種

設計成車庫風格的店內空間，架上排滿了優質特選商品

身兼主廚與老闆，米其林三星店家出身的Dominique Ansel

廣受女性歡迎的洗髮精2700日圓。潤髮乳4104日圓

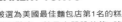

| 表參道 ─── Ⓓ | 表參道 ─── Ⓔ | 表參道 ─── Ⓕ |

おーさむ すとあー はらじゅくおもてさんどうてん

AWESOME STORE
原宿表參道店

販售約3000種主要使用天然素材製成的原創生活雜貨。採用天然且沉穩色調的產品，因適合用於房間裝飾而大獲好評。

☎03-6450-6021 MAP附錄P7C3
🏠渋谷区神宮前5-8-7 🚇地下鐵表參道站A2出口步行3分 ⏰11:00〜20:00 休無休

どみにく あんせる ぺーかりー とうきょう

DOMINIQUE ANSEL
BAKERY TOKYO

被選為美國最佳麵包店第1名的糕餅西點店，於日本開設的第1號店。來自法國的主廚親手製作的特別甜點擁有獨創的口感和香氣，值得一試。日本限定的甜點也不容錯過。

☎03-3486-1329 MAP附錄P7C3
🏠渋谷区神宮前5-7-14 🚇地下鐵表參道站A1出口步行5分 ⏰10:00〜19:00 休無休

じょんますたーおーがにっく とーきょー

john masters organics
TOKYO

發源自NY的有機品牌旗艦店。除了日本首間直營美髮沙龍和護膚中心之外，還附設提供冷壓果汁的酒吧。

☎03-6433-5295 MAP附錄P7C3
🏠渋谷区神宮前5-1-6イルパラッツィーノ表參道1F 🚇地下鐵表參道站A1出口即到 ⏰11:00〜21:00(週日、假日〜20:00) 休不定休

主要販售從法國直接進口的擺飾品和骨董家具

法國吐司搭配飲料，Parisienne套餐750日圓

鄰近車站，交通便利。店內設計簡單且實用的商品一應俱全

增添優雅的摩洛哥傳統手工刺繡——LEO ATLANTE桌巾25920日圓

店內有如和室般的空間令人心情況靜安穩。另有露臺座位

日下華子×Spiral Market九谷燒蕎麥圓簡碗各2592日圓

Bon appetit！精選商品中型盤2700日圓、大型盤3780日圓。讓用餐更有樂趣

裝飾於玄關口的竹子使人聯想到日式住宅

荻原千春茶壺11880日圓、杯子2376日圓、奶精杯1944日圓

(青山) ⓖ

ばざー・え・がるどもんじぇ

Bazar et Garde-Manger

法裔採購家Marthe Desmoulins親自前往各地，精心挑選充滿國際色彩的商品所集結而成的店鋪。店內販售室內裝潢商品和廚房用品等，高級且繽紛多元的商品。

☎03-5774-5426 MAP附錄P7C3
🏠港区北青山3-7-6 ‼地下鐵表參道站A1出口即到 ⏰11:00～19:30
休不定休

(青山) ⓗ

かふぇきつね

CAFÉ KITSUNÉ

服飾品牌MAISON KITSUNÉ所開設，加入和風元素的咖啡廳。提供咖啡師邊沖泡邊微調味道的極品咖啡。卡布奇諾540日圓，最為推薦。

☎03-5786-4842 MAP附錄P6D3
🏠港区南青山3-17-1 ‼地下鐵表參道站A4出口即到 ⏰9:00～19:30LO
休不定休

(青山) ⓘ

すぱいらるまーけっと

Spiral Market

販售從國內外精心挑選，可於日常生活中長久使用的，約6萬種設計商品的雜貨店鋪。商品涵蓋食器、室內擺飾、文具和衛浴用品等，種類廣泛別具魅力。最適合在此挑選禮物。

☎03-3498-5792 MAP附錄P7C4
🏠港区南青山5-6-23 (Spiral 2F) ‼地下鐵表參道站B3出口即到 ⏰11:00～20:00 休不定休

裝潢成如同巴黎本店的店內一景。光線充沛的明亮空間

蘋果派從削蘋果皮起便細心地手工製作，共有7種

店內販售古董家具、高貴的織品和廚房用具

用蒸氣龐克咖啡機沖泡的咖啡，帶有水果風味

英格蘭卡士達蘋果派，外帶400日圓，店內用600日圓

店內原創的燈具種類豐富。倒吊造型的陶製蠟燭設計燈具12960日圓～

火腿起司吐司1280日圓（附飲料），蒸氣龐克咖啡S 380日圓

店內充滿著蘋果的甘甜香氣。也有販售店內原創的托特包

如果收到這樣禮物會讓人欣喜不已——Rifle Paper Co.花卉圖案筆記本和卡片。卡片432日圓、筆記本1080日圓～

（ 青山 ） ——————— J

くちゅーむ あおやまてん
COUTUME 青山店

在巴黎大受歡迎的咖啡廳的日本第1號店。店內提供以蒸汽龐克咖啡機萃取的咖啡、以及使用本店位於巴黎的Gontran Cherrier的麵包所製成的Tartine麵包1280日圓（附飲料）等，餐點類也豐富多樣。

☎03-6418-5325 ＭＡＰ 附錄P6D4
🏠 港区南青山5-8-10 🚇 地下鐵表參道站B1出口即到 🕐 7:30～21:30
🈡 不定休

（ 青山 ） ——————— K

ぐらにーすみす あっぷるぱい あんど こーひー
GRANNY SMITH
APPLE PIE & COFFEE

除了廣受美國家庭喜愛的Dutch Crumble蘋果派外，還能吃到加入英式或法式風味的各種蘋果派。蘋果派重現了「奶奶的味道」，令人懷念的滋味是最大的魅力之處。

☎03-3486-5581 ＭＡＰ 附錄P6D4
🏠 港区南青山5-8-9 🚇 地下鐵表參道站B1出口步行3分 🕐 10:00～21:00（內用～20:30LO）🈡 無休 🅿16

（ 青山 ） ——————— L

おるね ど ふぉいゆ
Orné de Feuilles

彷彿是會出現於歐洲街角般的室內裝潢擺飾店。除了骨董家具之外，還販售門把等DIY商品，很受到女性顧客的喜愛。

☎03-3499-0140 ＭＡＰ 附錄P8F3
🏠 渋谷区渋谷2-3-3青山Oビル1F
🚇 地下鐵表參道站B1出口步行10分
🕐 11:00～19:30（週日、假日～19:00）
🈡 週一（逢假日則翌日休）

(AREA 02)

一流店鋪雲集的成人街區

銀座
ぎんざ

著名百貨公司和高級品牌的精品店雲集，令人憧憬的購物區域。此處也不乏熱門的餐廳和咖啡廳，讓人能盡情享用美食。除了老字號店鋪外，還有如東急Plaza銀座（→P45）等最新時尚購物景點陸續開幕。

MAP 附錄P18-19

1 位於晴海通的珠寶和鐘錶專賣店「天賞堂 銀座本店」前的可愛天使 2 中央通和晴海通的交會之處，位於銀座正中心的銀座四丁目十字路口。擁有鐘塔的和光百貨與對側的銀座三越獅子像，是不少人約定會合的地點 3 中央通為著名店鋪櫛比鱗次的主要街道。每逢週六日、假日的13時起，傍晚為行人徒步區 4 名人常造訪的知名餐廳匯集之地。擺盤豪華講究 5 擁有無數長年備受愛戴的知名店鋪，是銀座的最大魅力之一

7 需事前預約的人氣餐廳多不勝數。圖中的「LA BETTOLA da ochiai」（→P64）也是其中之一　8 擁有眾多可悠閒用餐的餐廳和咖啡廳是銀座的獨到特色　9 銀座的巷弄裡還有別具風味的懷舊建築。圖中為古董店進駐的奧野大樓　10 1895（明治28）年創業的洋食餐廳「煉瓦亭」（→P132），炸豬排和蛋包飯很受歡迎　11 和擺盤美觀的甜點一同度過優雅的下午茶時間。圖中為「資生堂Parlour 銀座本店 SALON DE CAFE」（→P75）　12 想找能長久珍惜使用的精品或禮品，到銀座準沒錯。圖中為「月光荘画材店」（→P97）的文具

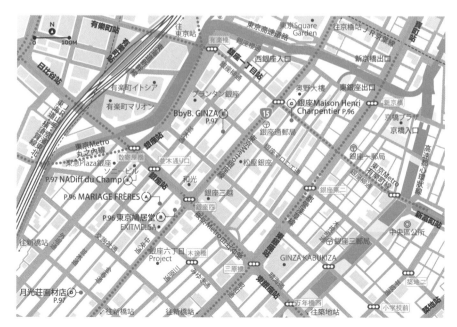

水果塔 1242日圓。黃金伯爵茶1壺 1080日圓

原創的圓鴿筆記本A6尺寸各421日圓。毛筆筆古都 各540日圓

橘醬法式可麗餅1728日圓。在面前調理上桌呈現

於優雅沉穩的店內空間悠閒地度過下午茶時間

販售堅守傳統的同時，也能融入現代生活的高品質商品

店鋪位於昭和時期建造的歷史性建築當中

Héritage Gourmand各3780日圓。右為、左為Calisson

位於銀座中央通的高級地段，紅磚樣式的店面外觀

1F為精品店和酒吧間、地下1F為 Salon de the

まりあーじゅ ふれーる ぎんざほんてん ——— Ⓐ

MARIAGE FRÈRES
銀座本店

1854年於巴黎創業的紅茶品牌直營店鋪。1F販售超過500種的茶葉。2F和3F的茶沙龍可品嘗到店內販售的所有茶種，並可享用使用茶葉的原創甜點和午餐。

☎03-3572-1854　MAP附錄P19C3
🏠中央区銀座5-6-6　🚇地下鐵銀座站A1出口即到　🕐11:30～19:30LO(1F的精品店11:00～20:00)　休無休
🅿128

とうきょうきゅうきょどう ——— Ⓑ

東京鳩居堂

於寬文3年（1663）創業的老字號文具店，販售書畫用具、信紙與和紙製品等傳統的日式文具。用秘傳的調香技術，並以天然香料所製作的香或香袋等香氣產品也一應俱全。

☎03-3571-4429　MAP附錄P19C3
🏠中央区銀座5-7-4　🚇地下鐵銀座站A2出口即到　🕐10:00～19:00（週日、假日11:00～）　休無休(有臨時歇業)

ぎんざめぞん あんり・しゃるばんていえ ——— Ⓒ

銀座Maison
Henri Charpentier

誕生於兵庫縣芦屋的西點品牌店。銀座Maison於2015年4月隆重開幕，除了洗鍊俐落的Salon de the和精品店外，還設有能品嘗美酒和甜點的「酒吧間(Bar Maison)」。

☎03-3562-2721　MAP附錄P18D2
🏠中央区銀座2-8-20 ヨネイビル1F・地下1F　🚇地下鐵銀座一丁目站9號出口即到　🕐11:00～20:00（酒吧間15:00～23:00、週日、假日13:00～20:00)　休無休　🅿Salon de the 60、Bar Maison 8

素描本的尺寸和封面顏色豐富多樣，
共6種，291日圓～

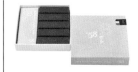

Sleeves #58 1盒1404日圓。1盒有5
支棒狀巧克力

ALICE PARK名片夾 各9180日圓。
袖珍且設計簡單

單寧布托特包3402日圓。方便好
用，適合日常攜帶

以白色為基調，色彩繽紛的巧克力盒
一字排開

樹脂徽章，每個設計都有所不同。
Small 1296日圓、Big 1944日圓

入口招牌上的「月光莊」字樣為与謝
野晶子的親筆落款

店內附設提供Babelutte巧克力飲料
和鬆餅的咖啡廳

因應商品的不同而改變店內展示，每
次造訪都感到新鮮

げっこうそうがざいてん **D**

月光莊画材店

於1917（大正6）年創業，以號角
商標聞名的銀座代表性老字號畫材
店。店內販售工匠手工製作的高質
感畫材道具。地下室還有出租藝廊
和咖啡廳，絕對不容錯過。

☎03-3572-5605　**MAP** 附錄P19B3
🏠中央区銀座8-7-2地下1F、1F
🍴地下鐵銀座站A2出口步行7分
🕚11:00～19:00　🈂無休（僅1F週三
休※逢假日有補假日）　📷6

びーばいびー ぎんざ **E**

BbyB. GINZA

由比利時米其林2星餐廳的甜點所
孕育而出的新風格巧克力品牌。每
顆巧克力都灌注了廚師纖細的感性
和對美味的堅持。共有16種豐富
多變的口味。

☎03-3566-3555　**MAP** 附錄P19C2
🏠中央区銀座3-4-5　🍴地下鐵銀座站
B1出口步行3分　🕚11:00～20:00（週
日、假日～19:00）　🈂無休　📷6

なでぃっふ でゅしゃん **F**

NADiff du Champ

店鋪大多開設於美術館或文化設施
之內，販售藝術相關商品的NADiff
所開設的新店鋪。店內提供電影、
照片和設計等，與「image」相關
的藝術書籍和雜貨。

☎03-6264-6869　**MAP** 附錄P19C2
🏠中央区銀座5-3-1ソニービル6F
🍴地下鐵銀座站B9號出口即到
🕚11:00～19:00LO　🈂無休

AREA 03

集合流行趨勢的
購物逛街區域

しぶや
澀谷

引領東京流行潮流的街區。除了主打年輕客層的店鋪之外，還有如澀谷Hikarie（→P42）等成年女性也能享樂的熱門購物設施、甜點店、咖啡廳和餐廳一應俱全。明治通和一直延續至表參道的貓街上則是有不少流行品牌的店面。

MAP 附錄P8～9

鹹牛奶糖＆澳洲胡桃530日圓起

4種綜合口味禮物罐 1350日圓

可在店內或外頭的長椅享用

標榜「為日常生活增添藝術氣息」。本店具有非凡的獨到魅力。

販售帶有藝術家氣息的商品。最適合送禮

簡單低調的招牌。彷彿進入秘密的隱密之家般，令人雀躍

ばたー ぽっぷこーん　　　Ⓐ
Butter POPCORN

使用高級發酵奶油，堅持不使用一滴油的爆米花專賣店。廚師和甜點師傅所研發的口味包含巧克力和堅果等12種類，味道濃厚且風味豐富。

☎03-6455-0219　MAP 附錄P8D3
🏠渋谷区神南1-22-6澀谷丸井百貨1F
🚶JR澀谷站八公口步行3分
🕚11:00～21:00（週六日、假日～20:00）　休準同澀谷丸井百貨

のとりあ　　　　　　　Ⓑ
notoria.

骨董商品店「Grimoire」所開設的室內擺飾店鋪。從巴黎或洛杉磯進口的商品大多是絕無僅有。藝術家們所創作的作品也不容錯過。

☎03-3780-5570　MAP 附錄P8D2
🏠渋谷区神南1-10-7テルス神南4F
🚶JR澀谷站八公口步行8分
🕐13:00～20:00（週六日、假日12:00-）　休不定休

改善蔬菜攝取不足！營養滿點的綠色
蔬果吧冰沙480日圓

Wool yarn 1個810日圓。共17種類
的色彩繽紛毛線為熱銷商品

2015年7月重新裝潢開幕後，帶有沉
穩的氛圍

雜貨和自然，以及富造型感的裝潢巧
妙地調和，令人心情沉穩的空間

花瓶造型磁鐵Magnetic Vase各432
日圓，可將花插至其中

綜合水果糖60g 480日圓。新潮又可
愛的圖案

入店後，迎面而來的是綠意盎然的觀
葉植物和空氣鳳梨

店內展示的所有產品，包括櫥架皆為
販售商品

店內販售巧克力棉花糖塔等多種甜點
餅乾

あーばん りさーち ぐりーん ばー ———— Ⓒ

URBAN RESEARCH
green bar

由人氣服飾品牌ＵＲＢＡＮ
RESEARCH所開設的健康養生風
咖啡廳。11～15時的午餐時段以
550日元的價格提供當日湯品和貝
果套餐。

☎03-6455-1970　🗺️附錄P8D2
🏠澀谷区神南1-14-5 3F　🚉JR澀谷站
八公口步行10分　🕐11:00～19:30
LO　🛑不定休　💺21

だるとん ———— Ⓓ

DULTON

店內主要販售金屬製家具，還有品
項齊全的廚房用品和流行小物。
DIY喜愛者所需的配件也一應俱
全，是間能煽動成人玩心的店鋪。

☎03-5728-2552　🗺️附錄P8D1
🏠澀谷区神南1-4-8　🚉JR澀谷站八公
口步行11分　🕐11:00～20:00
🛑無休

ぱぱぶれ しぶやてん ———— Ⓔ

papabubble 澀谷店

來自巴塞隆納的藝術糖果店。光是
看著色彩繽紛的糖果就令人心花怒
放。由於店內兼做新商品研發，所
以能先一步嘗到其他商店沒有的試
作商品。

☎03-6407-8552　🗺️附錄P9B1
🏠澀谷区神山町17-2　🚉JR澀谷站八
公口步行15分　🕐12:00～20:00(週
日、一、假日～19:00)　🛑週二

AREA 04

高質感的雜貨和
甜點街區

じゆうがおか

自由之丘

從澀谷站搭乘東急東橫線9～11
分，作為東京都內首屈一指的流行
商圈而聲名大噪的自由之丘。設有
長椅的九品佛川綠道周邊帶有歐洲
的色彩，最適合輕鬆漫步其間。從
車站出發，以綠道為目標，悠閒散
步前往是不錯的選擇。

附錄P25

3F販售居家服、運動用品和孩童用具

2F除了販售基本款服飾外，還設有黑色小洋裝專區

1F為首次進駐日本的RITUEL par Christophe Vasseur，備受矚目

1日可賣出5000個的新鮮出爐起司蛋塔，1個216日圓

北海道店鋪的人氣霜淇淋432日圓，分量超大

在2F咖啡廳邊喝飲料邊享用起司蛋塔

めぞん いえな ── (A)
Maison IÉNA

為了慶祝人氣服飾品牌「IÉNA」
創立25週年，於2015年8月開幕的
旗艦店。以「住在巴黎16區的女
性想做的16件事」為概念，於1F
設置了插花店和維也納牛奶麵包專
賣店等，豐富多樣的商品項目是最
大的魅力之處。

☎03-5731-8841　附錄P25A1
目黑區自由之丘2-9-17　東急東橫
線、大井町線自由之丘站正面口步行4
分　10:00～20:00（週六日、假日
9:30～）不定休

べいくちーず たると じゆうがおかてん ── (B)
BAKE CHEESE TART
自由之丘店

以誕生於北海道的老字號西點店為
始祖，主打店內最有人氣的起司蛋
塔的專賣店。追求新鮮第一，在和
工坊建為一體的店鋪中製作出的蛋
塔，是必須排隊才吃得到的夢幻逸
品。為了想立即享用的顧客，2F
還設有咖啡廳。

☎0800-123-8450（客服中心）
目黑區自由が丘
1-31-10 1·2F　東急東橫線、大井
町線自由之丘站南口即到　11:00～
20:00　無休　20

隨時販售超過30種的餅乾，各216日圓

全雞古岡左拉起司奶油馬鈴薯，550日圓

除了服飾之外，也販售店內原創胸針，3888日圓

蛋塔拼盤810日圓※搭配飲料時，飲料折價100日圓

可享用到新鮮出爐美食的店內站席用餐空間

什錦早餐 起司蛋糕和咖啡各500日圓

雙球冰淇淋杯派874日圓，也大受歡迎

依季節不同而推出的3種季節限定種類需隨時留意！

比司吉1個180日圓，當季果醬850日圓～

ぶるーむすじゆうがおかほんてん —— Ⓒ

BLOOM'S 自由之丘本店

販售餅乾和蛋塔等優質甜點的店鋪。依不同的餅乾使用不同的奶油，並且採用礦物質含量多的法國給宏德地區的鹽，製作出別具風味的餅乾。可於店內的咖啡廳空間內用。

☎03-3725-0705 MAP附錄P25B2
🏠世田谷区奥沢5-26-2 🚃東急東横線、大井町線自由之丘站南口步行3分
🕐11:00～19:00 休週一（逢假日則翌日休）🅿10

ぽてとくりーむ —— Ⓓ

Potato Cream

馬鈴薯沙拉專賣店，販售在綿密的馬鈴薯上擺放蔬菜，再淋上溫熱醬汁的「奶油馬鈴薯」。招牌餐點為「全雞古岡左拉起司奶油馬鈴薯」和「茄子絞肉番茄奶油馬鈴薯」等2種。

☎03-3725-0222 MAP附錄P25A1
🏠目黒区自由が丘1-25-2 1F 🚃東急東横線、大井町線自由之丘站北口步行3分 🕐11:30～20:00（週六日、假日12:00～）※售完打烊 休週三（逢假日則營業）

りぜった かふぇ え ぶてぃっく —— Ⓔ

LISETTE Café et Boutique

可悠閒享用茶點的咖啡廳，以及販售以麻布等天然材質製成的舒適獨家服飾的店鋪。於咖啡廳可享用到午餐套餐和蛋糕。由於糕點可供外帶，所以也適合用來送禮。

☎03-5726-9591 MAP附錄P25A1
🏠目黒区自由が丘1-24-6 🚃東急東横線、大井町線自由之丘站正面口步行4分 🕐11:00～19:00（咖啡廳～18:30LO）休週三 🅿20

AREA 05

翻修重生店鋪持續登場！
工藝製品街區

くらまえ
藏前

位於被淺草和御徒町等下町所圍繞
之處，洋溢著往昔風情的區域。最
近以重新翻修舊大樓和倉庫而成的
店鋪遍布各處，讓藏前突然開始受
到各界矚目。其中又以東側的鳥越
和淺草橋周邊陸續開幕了許多時尚
的雜貨店和咖啡廳，不妨親身前往
拜訪。

MAP 附錄P26

約10分可完成的訂做筆記本。線圈
和扣環可以自己選擇

訂做筆記本800日圓～。可從60種封
面和20種頁紙中依喜好挑選

透明筆桿鋼筆
3240日圓和原創
墨水1296日圓的
套組

男鹿工房的Oga Solt（large 80g 497
日圓／mini 40g 378日圓）礦物質
100%

秋田・清水養蜂場的ACACIA HONEY
（Large 1400日圓／mini 500日圓）

各種室內噴霧2052日圓，以晴天、
陰天和雨天為概念的香氣

かきもり　　　　　　　　　　Ⓐ
カキモリ

創造讓人動筆書寫的動機，販售原
子筆、筆記本和信紙等書寫用具的
文具店。人氣商品為可自由選擇封
面、線圈顏色和位置等的「訂做筆
記本」。此外也販售原創的信紙和
墨水。

☎03-3864-3898　MAP 附錄P26B1
🏠台東区藏前4-20-12　🚇地下鐵藏前
站A4出口步行3分　🕐12:00～19:00
😴週一（逢假日則營業）

さにー　くらうでぃー　れいにー　　Ⓑ
SUNNY CLOUDY
RAINY

販售經過店主精心挑選，親自使用
後認為值得使用的服飾、日用雜貨
和食品等，商品豐富多元的店鋪。
同時舉辦介紹店主的故鄉——秋田
縣美食的「秋田計畫」。

☎03-6240-9779　MAP 附錄P26B1
🏠台東区藏前4-20-8 東京貴金屬會館
2F　🚇地下鐵藏前站A4出口步行4分
🕐12:00～18:00　😴不定休

櫃台後方附設創作工坊。商品在此孕育而出

長夾各25920日圓，顏色種類豐富多樣

約20席的露臺座位。從3F的座位可遠眺東京晴空塔

圓罐SS（前方 銅4536日圓／後方 馬口鐵1944日圓）可用於裝茶葉或咖啡豆

進入店後右側為皮革製品、左側為櫃台

依樓層不同，裝潢也大異其趣，別忘了一探究竟

木匙（小1944日圓／大3888日圓）可和「圓罐」搭配使用

「MIWAKO BAKE」的餅乾可供外帶

人氣甜點「焦糖香草天使蛋糕」600日圓

しゅろ ────── ©

SyuRo

設計師宇南山加子擔任店主的日用品商店。商品超過6成以上為原創商品，考慮到觸感和方便使用而製作的商品一應俱全。SyuRo的無化學添加肥皂1944日圓（3個1組附桐箱）最為推薦。

☎03-3861-0675 MAP 附錄P26A2
🏠台東区鳥越1-15-7 ‼️地下鐵藏前站A4出口步行15分 🕐12:00～19:00 🈳週日、假日不定休

かめら ────── Ⓓ

CAMERA

創建糕點品牌「MIWAKO BAKE」的山田美和子，以及皮革品牌「numeri」的設計師田村晃輔2人所經營的咖啡廳兼皮革製品店。令人食指大開的糕點和手工的皮革製品共存的空間在此展開。

☎03-5825-4170 MAP 附錄P26B1
🏠台東区藏前4-21-8岡松大樓1F ‼️地下鐵藏前站A4出口步行3分 🕐11:00～18:00 🈳週一 🗺16

りばーさいど かふぇ しえろいりお ── Ⓔ

Riverside Cafe Cielo y Rio

位於隅田川沿岸，擁有露臺座位的寬敞開放咖啡廳餐廳。欣賞晴空塔和東京街景的同時，品嘗使用新鮮蔬菜和日本國產牛肉的酒館料理。種類豐富多樣的甜點也很受歡迎。

☎03-5820-8121 MAP 附錄P26B1
🏠台東区藏前2-15-5 MIRROR1F ‼️地下鐵藏前站A7出口即到 🕐11:30～23:00（午餐11:30～15:00LO、晚餐17:30～22:00LO）、週六日、假日11:00～23:00（午餐11:00～15:00LO、晚餐17:30～22:00LO）、咖啡廳～22:30LO 🈳無休 🗺155

（AREA 06）

不僅限於咖啡！
當紅街區的熱門店鋪

きよすみしらかわ

清澄白河

位於江東區，擁有往昔風情商店街的區域。2014年掀起第三波咖啡潮的「Blue Bottle Coffee」（MAP 附錄P26B4）開幕後，清澄白河便以咖啡街區之姿聞名於世。不妨試著探訪隱身於下町的咖啡廳和雜貨店吧。

MAP 附錄P26

店內有不少絕無僅有的古董商品，光看不買也別有樂趣

同時販售merilin wool 80% flax 20%（208m）1620日圓等毛線

科茨沃爾德產蜂蜜（小）1512日圓（大）2888日圓，為結晶狀容易塗抹

整然有序的茶葉櫃架。即使不是紅茶愛好者也想前往一探究竟

透過放置茶葉的瓶罐試聞香氣，找到您所喜愛的茶葉

芳香庭園（50g）1252日圓（左）和2015年夏季採摘的大吉嶺Liza Hill農園（50g）2548日圓（右）

我衷心推薦

おんねりねん

onnellinen （A）

店主瀨良田所經營的雜貨店。販售從瑞典、芬蘭、德國和日本國內各地精心挑選的雜貨、器皿和食品。店主將進貨的手工藝品再略施巧思加工後的商品，值得一見。

☎03-6458-5477
MAP 附錄P26B3 ◆江東區白河1-1-2 1F ◆地下鐵清澄白河站A3出口即到 ◆11:00～18:00 休週日、一

こうちゃせんもんてん てぃーぽんど

紅茶專門店TEAPOND （B）

紅茶茶葉專賣店。店內隨時販售約60種來自印度、錫蘭和尼泊爾等世界各地進口的紅茶和香草茶。可以詢問店主三田先生推薦的茶款，或是試著尋找自己喜愛的口味。

☎03-3642-3337 MAP 附錄P26B3 ◆江東區白河1-1-11 ◆地下鐵清澄白河站A3出口即到 ◆11:00～19:00 休週一、二（逢假日則營業）

布里歐S尺寸，單種風味250日圓起，最適合邊走邊吃

橄欖木製砧板4104日圓起、陶器4860日圓、木製湯匙3024日圓

管理員佐藤奈美小姐。店內不定期舉辦活動

共有16種風味。使用從義大利進口的機器，每日手工製作

蜘蛛香洗髮精和潤髮乳（250ml）各2376日圓，蜘蛛香肥皂1080日圓

以骨董調性統和的店內空間裡，還有將縫紉台回收利用而製成的桌子

可於店內用餐。溫熱的布里歐和義式冰淇淋可謂絕配

Jurgen Lehl農園香草茶864日圓～。清爽的檸檬草茶最受歡迎

讓人想起令人懷念的家庭滋味，原味鬆餅600日圓，大受歡迎

ぷりじぇら ── Ⓒ
Brigela

日本首間布里歐甜筒義式冰淇淋專賣店。將師傅傳每日早晨製作的無化學添加義式冰淇淋，夾入獨家的布里歐內享用。尺寸有S和M，冰淇淋則是可從基本款10種，以及當季限定6種當中任意挑選。

☎03-5809-8436　ＭＡＰ附錄P26B4　🏠江東区三好2-1-6 1F　‼地下鐵清澄白河站B2出口步行4分　🕐10:30～19:30　休週一　Ⓟ20

ばばぐーり ほんてん ── Ⓓ
Babaghuri 本店

設計師Jurgen Lehl所創立的品牌。推崇手工製作，除了使用天然材質的服飾外，還販售床具、器皿、室內擺飾和手工糕點等豐富多元的商品。藤類植物攀爬的店面外觀也別具質感。

☎03-3820-8825　ＭＡＰ附錄P26B4　🏠江東区清澄3-1-7　‼地下鐵清澄白河站A3出口步行7分　🕐11:00～19:00　休不定休

ふかだそうかふぇ ── Ⓔ
fukadaso CAFE

將屋齡50年的公寓重新改裝利用的咖啡廳。擺設適宜的古董家具，其中還包括了手工製作的作品。曝露在外的鋼筋柱和水泥地板則是別有一番格調。隔壁的102則是有理化用品專賣店進駐。

☎03-6321-5811　ＭＡＰ附錄P26B4　🏠江東区平野1-9-7 101　‼地下鐵清澄白河站A3出口步行5分　🕐13:00～18:00（週五～21:00）　休週二、三　Ⓟ25

裝滿「可愛迷人！」的
怦然心動甜點禮盒

打開禮盒的那一剎那，心頭不禁撲通亂跳。裡頭裝滿充滿誘惑的迷人甜點。

面對有如珠寶箱般優美的甜點禮盒，任誰都按捺不住心中的雀躍。

COMMENTED BY　宮田麻衣子　WRITER

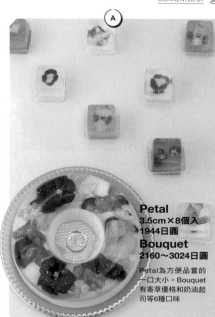

(A)

登錄商標 富貴寄
上 心情晴972日圓　下 結良緣972日圓

裝滿約30種的日式餅乾，每盒所裝的餅乾都不盡相同，也是另一番樂趣

Petal
3.5cm×8個入
1944日圓
Bouquet
2160～3024日圓

Petal為方便品嘗的一口大小。Bouquet有香草優格和奶油起司等6種口味

(B)

(東京站) ────── (A)

はなのばばろあ はばろ
花のババロア havaro

使用食用花（edible flower）的芭芭露亞專賣店。配合當季的花卉，考量配色和味道的平衡而製作出的甜點。

☎03-3218-0051　MAP 附錄P17C3
🏠千代田区丸の内1-9-1東京駅一番街1F TOKYO Me＋内　🚃JR東京站八重洲北口即到　🕘9:00～20:30（週六日、假日～20:00）　休無休

(銀座) ────── (B)

ぎんざきくのや
銀座菊廼舍

1890（明治23）年創業的和菓子店。將在茶席上不可或缺的菓子拼盤加入了現代的元素，以高級又可愛的日式餅乾禮盒最受歡迎。

☎03-3571-4095　MAP 附錄P19C3
🏠中央区銀座5-8-8銀座コア大樓地下1F　🚃地下鐵銀座站A3出口即到　🕘11:00～20:00　休不定休

(淺草) ────── (C)

かしこうぼうるするす
菓子工房ルスルス

店面改裝自古民家，一個個堅持品質、細心手工製作商品的西點店。瑪德蓮和奶油蛋糕等糕餅類也應有盡有。

☎03-6240-6601　MAP 附錄P23B1
🏠台東区浅草3-31-7　🚃地下鐵淺草站6號出口步行12分　🕘12:00～20:00　休週一，第2、4週二　席8

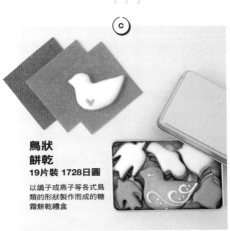

鳥狀餅乾
19片裝 1728日圓

以鴿子或燕子等各式鳥類的形狀製作而成的糖霜餅乾禮盒

Chocolate Library
Small 2138日圓

開心果或草莓等，11種口味的巧克力各1片裝。也有2片裝禮盒Large 3780日圓

Gâteau Échiré Nature
4320日圓

奶油總量一半以上使用艾許奶油的鮮奶油蛋糕。充滿奶味的口感以及融化於舌尖的綿軟

鹹奶油牛奶糖 432日圓
覆盆子 432日圓
頂級巧克力 519日圓

販售招牌的覆盆子口味以及當季限定口味等，色彩繽紛的獨創閃電泡芙

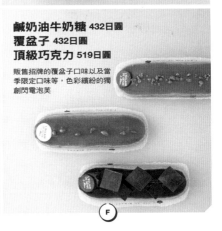

（ 虎之門 ）———— Ⓓ

あんだーず とうきょう
Andaz Tokyo

飯店直營的糕點店。Chocolate Library能享受到從資料夾標籤中挑選喜愛的巧克力口味的樂趣。

☎03-6830-7765　MAP 附錄P12F1
🏠港区虎ノ門1-23-4虎之門Hills1F
🚶地下鐵虎之門站1號出口步行5分
🕐8:00～20:00　🈺無休

（ 丸之內 ）———— Ⓔ

えしれ・めぞん でゅ ぶーる
ECHIRE MAISON DU BEURRE

歐洲王室和米其林三星餐廳御用的法國產傳統發酵奶油－艾許奶油，此店為世界第1間販售100%以艾許奶油製作的糕餅專賣店。

☎03-6269-9840　MAP 附錄P17B4
🏠千代田区丸の内2-6-1丸之內BRICK SQAURE1F　🚶JR東京站丸之內南口步行5分　🕐10:00～20:00　🈺無休

（ 日本橋 ）———— Ⓕ

れくれーる・どぅ・じぇに
L'éclair de génie

於法國國內也備受矚目的超熱門閃電泡芙專賣店。是由將FAUCHON的閃電泡芙推廣為招牌商品的天才西點師Christophe Adam所創建的店鋪。

☎03-3211-4111　MAP 附錄P16D3
🏠中央区日本橋2-4-1日本橋高島屋 地下1F　🚶直通地下鐵日本橋站B2出口
🕐10:00～20:00　🈺準同日本橋高島屋

永遠留藏於記憶深處
找尋富故事性的伴手禮

追尋不流於俗套，真正的東京伴手禮。在此羅列了名人們所深愛的商店，
或是足以代表東京的觀光景點原創商品等，堅持品質的商品。

COMMENTED BY　宮田麻衣子　EDITOR

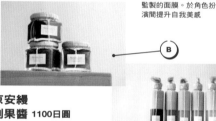

歌舞伎
面膜套組
2包入　900日圓

由第七代市川染五郎所
監製的面膜。於角色扮
演間提升自我美感

FEILER歌舞伎手帕 KABUKIZA
3240日圓

以GINZA KABUKIZA為設計概念的手帕。和德國知名公司
FEILER推出的聯名商品

擦手巾
（左）**1620日圓**
（右）**1400日圓**

左以羽織外套、右
以歌舞伎臉譜為設
計概念的可愛擦手
巾。也可放入畫框
內作裝飾品

東京安縵
原創果醬 1100日圓
東京安縵
原創果汁 950日圓～

飯店主廚親自前往位於和歌山縣有田的谷井農園，所製作
出的獨特味道

（ 銀座 ）──────Ⓐ

ぎんざ かぶきざ
GINZA KABUKIZA

位於地下2F的木挽町廣場有著許
多的輕食和伴手禮店。和東銀座站
連通，即使沒有買票也能入內。以
歌舞伎劇目為主題的商品廣受歡
迎。

☎03-3545-6800　MAP附錄P18D3
🏠中央区銀座4-12-15　🚩地下鐵東銀
座站3號出口連通　🕐因公演和設施
而異

（ 東京站 ）──────Ⓑ

ざ・かふぇ ばい あまん
THE CAFÉ BY AMAN

位於高級飯店東京安縵1F的咖啡
廳。販售飯店主廚所研發製作的原
創果醬和奶油蛋糕。

☎03-5224-3332　MAP附錄P17B2
🏠千代田区大手町1-5-6　大手町タワー
1F別棟　🚩JR東京站丸之內北口步行
5分　🕐11:00～22:00（週六日、假
日～21:00）　休無休　📷48

（ 銀座 ）──────Ⓒ

くうや
空也

1884（明治17）年創業。於夏目
漱石的小說『我是貓』中也出現過
的名店。招牌和菓子「空也最中」
是不預約就吃不到的極品。

☎03-3571-3304　MAP附錄P19B3
🏠中央区銀座6-7-19　🚩地下鐵銀座
站B5出口步行3分　🕐10:00～17:00
（週六～16:00）　休週日、假日

探尋當故事性的伴手禮

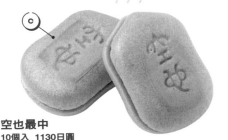

空也最中
10個入 1130日圓

焦脆的外皮和用心燉煮
的紅豆餡簡直絕配。不
使用防腐劑,重視食材
的原味

TORAYA TOKYO
限定版禮盒
小型羊羹5入裝 1404日圓

描繪東京站外觀的限量版禮盒,
裡頭為長銷的小倉羊羹「夜梅」

法式花色小蛋糕
10個入 1728日圓～

可品嘗到豐富多元口味的
一口尺寸蛋糕。懷舊風的
外觀惹人憐愛

銀座街區
手帕
各1620日圓

將豐富多樣文化交會的
銀座街區以色彩繽紛的
筆調勾勒而出。可作為
拜訪銀座的紀念品

(東京站) ─────────── Ⓓ

とうきょうすて—しょんほてるない とらやとうきょう

東京站大飯店內
TORAYA TOKYO

位於東京站大飯店2F,室町時代
後期創業的老字號和菓子店「とら
や」的第1間概念店鋪。不少為只
能在此買得到的原創禮盒。

☎03-5220-2345　MAP附錄P17B3
🏠千代田区丸の内1-9-1東京站大飯店
2F　🚉直通JR東京站丸之內南口
🕐10:00～21:00(週日、假日～20:00)
🈺無休

(銀座) ─────────── Ⓔ

ぎんざみつこし

銀座三越

於2015年秋季以成為「時代先端的寰
宇百貨」為目標,重新裝潢後隆重開
幕。從銀座4丁目傳播世界和日本的流
行資訊,販售為數眾多的限定商品。

☎03-3562-1111　MAP附錄P19C2
🏠中央区銀座4-6-16　🚉地下鐵銀座
站A7出口即到　🕐10:30～20:00
🈺不定休

(駒込) ─────────── Ⓕ

ふらんすがし かど

フランス菓子 カド

川端康成所深愛的西點店。據說是
日本第1間販售貝形瑪德蓮蛋糕的
店家。經典且深具風味的蛋糕絕頂
美味。

☎03-3910-6241　MAP附錄P4D1
🏠北区西ヶ原1-49-3　🚉JR駒込站5號
出口步行7分　🕐9:00～19:00
🈺不定休

東京都東側街區的地標
盡情玩樂東京晴空塔城®！

聽到「世界最高的鐵塔」一詞，是否讓您雀躍不已？除了令人感動的全景景觀外，遠眺美景之際又能
享受美食和購物樂趣，讓我們起身前往下町最大的購物城吧♪

COMMENTED BY 永田晶子 EDITOR

參觀時間
約5小時

（押上周邊）

とうきょうすかいつりーたうん
東京晴空塔城®

**將東京一覽無遺的鐵塔底部
美食和娛樂設施齊聚一堂**

東京晴空塔高643m，被金氏世界紀錄
認定為世界最高鐵塔，以其為中心，周
遭設置了商業設施和水族館。占地面積
廣達36900㎡。

☎因設施而異
MAP 附錄P22E3
🏠墨田区押上1-1-2
🚉東武晴空塔線東京
晴空塔站、或各線押
上（晴空塔前）站即到
Ⓜ Ⓛ Ⓟ因設施而異

1從設施中央的晴空街道廣場仰望晴空塔　2基本的夜間點燈有「雅」（圖片）和「粋」2種

區分		內容	購買（預約）方法	成人（18歲以上）	青少年（12~17歲/高中生/國中生）	兒童（6~11歲/小學生）	幼兒（4~5歲）
東京晴空塔天望甲板（350m）	當日票	當日販售的票種。無指定時間	當天於「東京晴空塔4F售票中心」購買。※視當天來客狀態，可能會發放號碼牌。	2060日圓	1540日圓	930日圓	620日圓
	指定日期時間券	指定日期和時間的票種	「東京晴空塔Web票券」（http://ticket.tokyo-skytree.jp/）或日本國內的7-11（售票機台）事先購買（預約）※費用包含指定時間的事先預約費用	2570日圓	2060日圓	1440日圓	1130日圓
	指定日期券	僅指定日期的票種。可於專用櫃台換取入場券	於日本各大旅行社購買附有東京晴空塔天望甲板入場券兌換券的旅行商品，或是預約附有天望甲板入場券兌換券的「東京晴空塔正規酒店」、「東京晴空塔友誼酒店」住宿專案	因方案而異			
東京晴空塔天望回廊（450m）	當日票	當日販售的票種。無指定時間	當天於「東京晴空塔天望甲板（350m）售票中心」購買	1030日圓	820日圓	510日圓	310日圓

2016年3月「SKYTREE ROUND THEATER」開幕

施放特殊影像的東京晴空塔天望甲板。在
350樓的玻璃窗上投影極具魄力的影像和
音響。預計上映表演者和夜景融為一體的
表演秀「WIPE UP！」（預計每隔半年
更換表演內容）

※3歲以下免費。12歲且為小學生者為
兒童費用，18歲且為高中生者為青少
年費用。另有外國遊客專用快速入場售
票櫃台。

WHAT'S "TOKYO SKYTREE TOWN"?

とうきょうすかいつりー
東京晴空塔®

☎0570-55-0634（東京晴空塔客服中心）¥參照P110表格
🕐8:00～22:00（21:00截止入場）
⊗無休

1擁有標高350m的東京晴空塔天望甲板、和450m的東京晴空塔天望回廊
2「SKYTREE CAFE」（340樓）的晴空塔妹妹聖代750日圓

とうきょうそらまち
東京晴空街道®

☎0570-55-0102（東京晴空街道客服中心）🕐10:00～21:00（餐廳樓層11:00～23:00）。部分店鋪營業時間不同 ⊗不定休

3以「新・下町流」為主要概念。超過300間店鋪進駐其間

すみだすいぞくかん
墨田水族館

☎03-5619-1821 ¥入場2050日圓 🕐9:00～21:00（20:00截止入場）⊗無休（有臨時休館）

4介紹約260種共5000隻的水生生物。可近距離觀察到企鵝

SOUVENIR

在晴空塔內擁有3家店鋪的「THE SKYTREE SHOP」添購伴手禮
🕐8:00～21:45（345樓的店鋪～21:30）

晴空塔妹妹玩偶（S）
1598日圓
將公式吉祥物的表情和服裝忠實呈現的熱銷商品。柔軟的質地令人想隨時摟在懷裡

minä perhonen
hane to tree 各1230日圓
將東京晴空塔和蝴蝶組合的可愛原創刺繡徽章。可別於包包上。共5種顏色

東京晴空塔®
晴空塔雪花球950日圓
將東京晴空塔城的街區放進雪花球內的萬年不敗裝飾品。倒立擺放會閃閃發光

於東京晴空街道®
享受景觀美食&購物

東京晴空街道進駐了多不勝數的新型態店鋪、以及廣受矚目的餐廳&店鋪。
眺望東京晴空塔享用午餐過後，別忘了購買此處僅有的絕品甜點！

COMMENTED BY 永田晶子 EDITOR

晴空塔
美景午餐

東庭院 31F
晴空街道餐廳 晴空塔景觀

てんくうらうんじ とっぷ おぶ ツリー
天空LOUNGE TOP of TREE

進入餐廳後，被映入眼簾的東京晴空塔巨大身影
所震撼。全部座位皆能見到晴空塔，是一家地點
絕佳奢侈的休閒咖啡廳。在此可品嘗到別出心裁
的創意料理。1188日圓的義大利麵等單點料理
種類齊全，但最推薦的是TOP午餐等套餐。以
千分之一比例呈現的晴空塔餐盤，絕對令在場的
人歡聲雷動。

☎03-5809-7377　🕐11:00～23:00

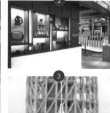

1可透過天窗將晴空塔的塔頂盡收眼底。面對窗戶的情侶座位是店內最頂級的
特等席　2午餐預約僅限平日，入夜後十分羅曼蒂克　3推薦的TOP午餐2700
日圓（2位以上接受點餐）

東庭院 31F
晴空街道餐廳 晴空塔景觀

ら・そらしど ふーどりれーしょん れすとらん
LA SORA SEED
FOOD RELATION
RESTAURANT

在山形縣引起極大話題的自然風餐廳「AI
che-cciano」，其創立者奧田政行主廚所監
修菜色的餐廳。使用從日本全國各地的簽約
農家直接進貨的繽紛蔬菜，所製作而成的健
康義大利料理。統一使用自然色調的室內裝
潢，讓人宛如漂浮於藍天當中。

1從標高150m的餐廳內眺望而出的晴空塔可識別具風味　2午餐時段全餐中，尤
以能盡情享用40種新鮮蔬菜的沙拉吧最為推薦　3Lunch 2800日圓。可從4種義
大利麵中挑選喜愛的口味

☎03-5809-7284　🕐11:00～16:00、18:00～23:00

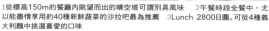

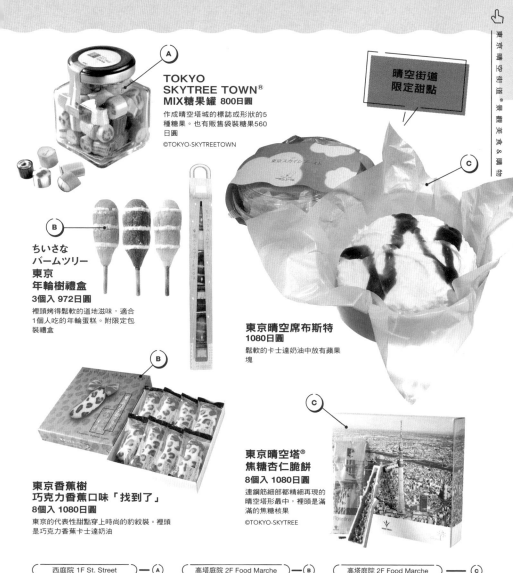

TOKYO SKYTREE TOWN® MIX糖果罐 800日圓

作成晴空塔城的標誌或形狀的5種糖果。也有販售袋裝糖果560日圓

©TOKYO-SKYTREETOWN

晴空街道限定甜點

ちいさな バームツリー 東京 年輪樹禮盒

3個入 972日圓

裡頭烤得鬆軟的道地滋味，適合1個人吃的年輪蛋糕。附限定包裝禮盒

東京晴空席布斯特

1080日圓

鬆軟的卡士達奶油中放有蘋果塊

東京香蕉樹 巧克力香蕉口味「找到了」

8個入 1080日圓

東京的代表性甜點穿上時尚的豹紋裝。裡頭是巧克力香蕉卡士達奶油

東京晴空塔® 焦糖杏仁脆餅

8個入 1080日圓

連鋼筋細部都精細再現的晴空塔形最中，裡頭是滿滿的焦糖核仁

©TOKYO-SKYTREE

西庭院 1F St. Street — A

きゃんでぃー・しょーたいむ
CANDY SHOW TIME

糖果師傅所一個個製作的糖果，畫有圖案或文字，有如藝術品。依不同季節和活動，會隨時推出新產品。如果時機對的話，還能於店內看到師傅製作糖果的過程。

☎03-5809-7557　🕘9:00～21:00

高塔庭院 2F Food Marche — B

ちいさなばーむつりー ねんりんやより
ちいさなバームツリー ～ねんりん家より～

花費4年研發的棒狀年輪蛋糕，有原味、巧克力和當季口味等3種選擇。年輪樹禮盒只在此買得到。同時販售東京香蕉樹。

☎03-5610-2845　🕘10:00～21:00

高塔庭院 2F Food Marche — C

ぶーるみっしゅ・こむにゅあーじゅ
boul'mich comme nuage

由在巴黎修練廚藝的店長兼主廚吉田菊次郎所創建，正宗的法國西點店的姊妹店。以「雲」為主題概念的獨創西點最適合作為伴手禮，有不少是別處買不到的獨家商品。

☎03-5610-3178　🕘10:00～21:00

彷彿置身於國外的著名建築
拜訪東京站丸之內站舍

您是否已參觀了重現100年前外觀的東京站丸之內站舍？
走出丸之內剪票口後不容錯過的就是迎面而來的建築之美。

COMMENTED BY **亙未央** WRITER

①

(東京站周邊)

とうきょうえきまるのうちえきしゃ
東京站丸之內站舍

參觀時間約
60分

復甦於現代的百年前著名建築
建築細部也不容錯過的細緻優美

於1914（大正3）年12月開業的東京站。3層建築的站舍
於1945（昭和20）年的戰爭中損毀，之後於1947（昭和
22）年重新改建為2層樓的建築。最後於2012年的保存
還原工程中，重現了創建當時的3層樓建築樣貌。優美的
紅磚建築外觀和大鐘塔等值得一見之處多不勝數。丸之
內北口剪票口前的「東京站畫廊」也很值得造訪。

☎なし ┃附錄P17C3
🏠千代田区丸の内1 ┃直通JR、地下鐵東京站 🕐自由參觀

1 改建工程期間約5年。象徵
站舍的拱形屋頂 2 高約28m
的拱形屋頂 3 約85萬個紅磚
當中，還保留著大正時期的紅
磚

HAVE A NICE TIME

南北拱頂為老鷹、鳳凰和十二生肖等令人目不轉睛的浮雕。在刻著東
京站名的石碑前和行幸通、或是從眼前的商業大樓KITTE（→P44）
和新丸大樓（→P134）的露台望去的景色也不容錯過。

創建概念為「森林中的美術館」
前往館體也是藝術品的國立新美術館

在時間寬裕的悠閒時光中，可接受藝術洗禮之地。
除了包羅萬象的展覽外，黑川紀章設計的建築物本身便可作為藝術品欣賞。

COMMENTED BY 亙未央 WRITER

正面入口。由與自然共生為宗旨的
建築家黑川紀章所設計

(六本木站周邊)

こくりつしんびじゅつかん
國立新美術館

每次造訪皆有不同風貌
日本最大規模的藝術中心

參觀時間約
120分

未保有獨自的館藏，而是活用14000㎡的展
示空間來舉辦展覽，或是收集、公開和提供
與美術相關的情報及資料，盡心擔任藝術中
心角色的新型態美術館。也會舉辦演講、創
作工坊和學術會議。黑川紀章所設計的這棟
建築，特徵為外觀有如波浪的玻璃帷幕。其
中還附設有餐廳和咖啡廳。

☎03-5777-8600（Hello Dial語音服務）
MAP 附錄P13B2
🏢港区六本木7-22-2 🚶地下鐵大江戶
線六本木站7號出口步行4分、直通千代
田線乃木坂站6號出口 🚇因展覽而異
（入館免費）🕙10:00～17:30截止入場
（企劃展期間的週五19:30截止入場。餐
廳、咖啡廳因店而異）🈡週二（逢假日則
翌平日休）

「**藝術檔案**
2013－現代的
創作家群」
國安孝昌展示一景

國安孝昌使用樹枝和圓木所製作
的作品，將廣闊的展覽空間活用
為動態的整體空間。
※2013年1月23日～4月1日展覽
實況

TIME OF ART

 サロン・ド・テ ロンド

位於倒圖錐狀建築上方的咖啡廳，宛如於空中享受下午茶時光。共有7～8種可供選擇的蛋糕套餐1360日圓，很受歡迎。
🕐11：00～17：30LO（週五～18：30LO）

2 夜景

玻璃窗構成的建築入夜後又是另一番面貌。美術館內的光線隔著玻璃透射而出，璀璨閃亮的姿態比所有的藝術品都更耀眼美麗。

3 藝術圖書館

除了和近現代美術相關的圖書與雜誌外，還收集了國內外舉辦的展覽型錄，為其最大特徵。🕐開放11：00～18：00、閉架書庫資料申請～17：00

SOUVENIR

流行伴手禮齊聚一堂

位於館內的美術館商店「SOUVENIR FROM TOKYO」
是能令人感受到藝術家能量的所在。

霰餅3種／仙貝3種
各864日圓

販售和東京老字號店鋪聯名推出的商品。霰餅、仙貝3種為和銀座老字號「松崎煎餅」的聯名商品

馬克杯
1728日圓

將佐藤可士和設計的「新」符號標誌排滿馬克杯全體，設計簡單但卻極有存在感的商品。

原創Prodir原子筆
1枝486～594日圓

色彩繽紛的筆桿令人印象深刻。上頭印刷著佐藤可士和設計的標誌。可收集全套全色

通往非日常的小旅行
前往藝術饗宴聖地♪

東京都內有著許多從車站步行即到，可以輕鬆體驗藝術的景點
在脫離平凡生活的非日常空間裡，或許會發現自己的最愛

COMMENTED BY 永井里奈 WRITER

──(目黑)──

とうきょうとていえんびじゅつかん
東京都庭園美術館

作為過往皇室起居的迎賓館，同時也是日本的
重要文化財──舊朝香宮邸作為美術館對外開
放。活用20世紀初席捲歐洲的裝飾藝術風格空
間舉辦展覽，緊鄰的新館裡則有White Tube展
覽室，也不容錯過。

☎03-5777-8600（Hello Dial語音服務）MAP 附錄P5C4
🏠港區白金台5-21-9 🚉JR目黑站東口步行7分 💴入館費
用因展覽而異（若只參觀庭園則為100日圓） 🕙10:00～
17:30（截止入場）🈺第2、4週三（逢假日則休翌日）

1 宴會廳深處的前廳裡，擺著被稱作「香水塔」的白瓷藝術品 2 正面玄關門上有雷內‧拉利克創作的玻璃浮雕 3 裝飾藝術風格的本館，反映著蔥蘢綠意，高貴典雅

©藤塚光政

1 通往美術館入口的竹林小徑 2 綠意盎然的庭園，滿是宜人的寂靜 3 名信片（紅）200日圓。以古中國青銅器「雙羊尊」為原型

──(表參道)──

ねづびじゅつかん
根津美術館

此美術館所展示的，都來自同時是實業家，也是茶
道愛好者的初代根津嘉一郎所收藏的日本或東洋古
美術品。藏有許多國寶及重要文化財、重要美術
品。此美術館利用了根津的私人邸宅，散步於有四
座茶室散落其間的廣大庭園也樂趣橫生。

☎03-3400-2536 MAP 附錄P6E4
🏠港區南青山6-5-1 🚉地下鐵表參道站A5出口步行8分
💴入館1100～1300日圓 🕙10:00～16:30（截止入場）
🈺週一（逢假日則翌日休）、展覽更換期間

(櫻新町)

はせがわまちこびじゅつかん
長谷川町子美術館

館內展示《海螺小姐》的作者——長谷川町子和其姊姊所收藏的各式各樣美術品。於町子特區內，除了有長谷川町子繪製的漫畫作品和原稿外，也展出陶藝和水彩作品。商店內販售的美術館限定《海螺小姐》商品，很受到歡迎。

☎03-3701-8766 MAP附錄P5A4 ⛩世田谷区桜新町1-30-6 🚃東急田園都市線櫻新町站西口步行7分 💰入館600日圓 🕐10:00～17:00（截止入場）🈺週一（逢假日則休翌日）、展覽更換期間

---

1 1963（昭和38）年發行的《海螺小姐精選集》封面原稿　2 館內展示講究細部製作的磯野家模型

(六本木)

もりびじゅつかん
森美術館

以「現代性」和「國際性」為理念，介紹世界尖端的藝術、建築和設計。於國際間也獲得極高的評價。為了讓更多人享受藝術的美好，會如期舉辦各式的公眾活動。

☎03-5777-8600（Hello Dial語音服務）MAP附錄P13B3 ⛩港区六本木6-10-1六本木新城森大樓53F 🚃直通地下鐵六本木站1c出口 💰因展覽而異 🕐10:00～22:00（週二～17:00，閉館前30分截止入場）🈺展覽期間無休（詳細請至網站確認）

---

1 前往六本木新城2F MUSEUM CONE入口　2 從森大樓52F的中庭搭乘手扶梯，前往53F的森美術館

(上野)

とうきょうこくりつはくぶつかん
東京國立博物館

於1872（明治5）年創建，日本最早的博物館。館內收藏以日本為中心的東洋美術品和考古遺物等114000件文物。平成館的考古展示室於2015年10月重新改裝開放，可讓訪客近距離地參觀重要文化財。

☎03-5777-8600（Hello Dial語音服務）MAP附錄P21C1 ⛩台東区上野公園13-9 🚃JR上野站公園口步行10分 💰入館620日圓 🕐9:30～16:30（截止入場）🈺週一（逢假日則休翌日）※開館時間和休館日因時期而異

---

1 自創建以來首度的全館翻新。讓展示變得更簡單明瞭　2 採帝冠樣式建築的本館也是重要文化財之一

東京迪士尼度假區
最新的 News & Topics 資訊！

2016年的東京迪士尼度假區再度變身成為夢幻的魔法世界。
除了慶祝15周年的東京迪士尼海洋外，再為您介紹如何盡情玩樂園區的6大火熱資訊。

COMMENTED BY 新田妙美 EDITOR

©Disney

1迪士尼卡通明星在各樂園等候您的大駕光臨 2東京迪士尼海洋的普羅米修斯火山或許不時會噴火……!? 3以東京迪士尼樂園的灰姑娘城堡為背景，和米奇銅像拍攝合照

玩樂時間約
1樂園 1日

舞濱周邊

とうきょうでぃずにーりぞーと
東京迪士尼度假區®

更上一層樓的夢幻主題樂園

由7個主題相異的區域所組成，並以2大樂園為中心的大型度假區。2016年以東京迪士尼海洋的15周年揭開序幕，新遊樂設施、表演內容更新以及新設施的誕生等，話題不斷的夢幻樂園！

☎0570-00-8632
(東京迪士尼度假區諮詢中心)
※部分PHS、IP電話和國際電話請打
☎045-330-5211 MAP 附錄P2F3
🏠千葉県浦安市舞浜 🚃JR舞濱站南口前往
🕐最長8:00～22:00(時間可能有所變動，請事先確認官網) Ⓚ無休 Ⓟ2座樂園合計約2萬輛(普通家用車1日2500日圓，週六日3000日圓)
URL:http://www.tokyodisneyresort.jp

(2016年4月起的費用)

票種		全票 18歲以上	學生票 12～17歲	兒童票 4～11歲	備註
一日護照	一日護照	7400日圓	6400日圓	4800日圓	1日內可遊玩東京迪士尼樂園或東京迪士尼海洋其中1座的票券
	敬老護照	6700日圓	—	—	65歲以上者可使用的票券。1日內可遊玩東京迪士尼樂園或東京迪士尼海洋其中1座
連日護照	兩日護照	13200日圓	11600日圓	8600日圓	可連續2日遊玩的票券。1日內限進入1座樂園(於購票時預約希望入園之樂園)
	三日魔法護照	17800日圓	15500日圓	11500日圓	可連續3日遊玩的票券。至第2日的入園規則和兩日護照相同。第3日起可無需預約暢玩2座樂園
	四日魔法護照	22400日圓	19400日圓	14400日圓	可連續4日遊玩的票券。至第2日的入園規則和兩日護照相同。第3日起可無需預約暢玩2座樂園
夜間護照	傍晚六點後護照	4200日圓			可於平日18:00～使用 ※限傍晚六點後護照適用日期，詳細請洽詢
	星光護照	5400日圓	4700日圓	3500日圓	週六日、假日15:00～可使用 ※限星光護照適用日期，詳細請洽詢

※因應入場人數限制，有可能暫停銷售當日票券，所以如果已經決定好入園日期，建議事先購買不受入場限制的日期指定券較為方便。此外，於2016年10月開始日期指定券限定入園日系統。日期指定券可於官方網站等處購買。

TOKYO DISNEYLAND® 最新資訊

2017年
7月
START

使用LED燈具而更加閃耀燦爛的花車,並以音樂引領遊客被夢的世界包圍

夜間遊行「東京迪士尼樂園®電子大遊行～夢之光」翻新

東京迪士尼樂園的夜間遊行於2017年7月第4度翻新,會有迪士尼動畫《冰雪奇緣》、《仙履奇緣》、《美女與野獸》的五輛新花車登場

2016年
3月21日
START

接連不斷滿溢濃厚熱帶風情的歌舞表演,掌聲絡繹不絕

`探險樂園`

米奇七彩晚宴

迪士尼卡通明星表演著來自夏威夷、大溪地等波里尼西亞風情的歌舞,慶祝各式各樣的節日。若模仿米奇一起跳舞的話,會場一瞬間便化身為南國的世界。

演出地點／波里尼西亞草壇餐廳
演出時間／預計約65分(演出時間約50分)

2016年
11月22日
OPEN

仿照美國原生地露營場的遊樂設施即將誕生。期待和某個角色不期而遇

`西部樂園`

新角色迎賓設施「Camp Woodchuck」

唐老鴨和姪子休伊、杜威、路易於大自然中享受野外活動,重現《少年軍校》系列世界觀的新遊樂設施。以恬靜的美國河川為背景,將有新角色粉墨登場,敬請期待。

TOKYO DISNEYSEA® 最新資訊

2016年
4月15日
START

迪士尼卡通明星身戴不同顏色的水晶隆重登場

`園區全域`

東京迪士尼海洋15周年「美好心願年」

慶祝迪士尼海洋開園15周年,象徵向未來許下「Wish」的水晶繽紛點綴了整座園區。有祝福展開全新冒險的表演等,至2017年3月17日為止的337天內,熱鬧的活動表演持續不斷。

2016年
7月9日
START

Mei在闇影森林中讓光和生命重新復甦的努力之姿令人感動!

`失落河三角洲`

走出闇影森林

誤闖入闇影世界的少女Mei,使用不可思議的力量對抗邪惡的影鳥,全新舞台劇表演在此揭開序幕。融合立體光雕投影的氣勢驚人現場表演絕對不容錯過。

演出地點／飛機庫舞台
演出時間／約25分

2017年
春
OPEN

Artist concept only ©Disney/Pixar

和尼莫與多莉等海底夥伴相見歡。能遇到的角色每日有所不同

`發現港`

海底總動員新遊樂設施「Nemo＆Friends SeaRider」

宛如化身為和尼莫一般的海底魚類,享受水中探索樂趣的新型態室內遊樂設施即將落成。乘坐魚型潛水艇,在發生各種奇遇的浩瀚海洋世界冒險犯難。

所須時間／約5分(主秀)

※海底總動員新遊樂設施未滿3歲、身高未滿90cm者不得乘坐。

住宿一晚讓夢想更加寬廣
入住朝思暮想的迪士尼飯店

被施上迪士尼魔法的3間迪士尼飯店，是任何年齡層女性的憧憬。
不妨入住嶄新客房或角色房，沉浸於遊玩樂園後的餘韻當中如何？

COMMENTED BY 新田妙美 EDITOR

造型奇特的床鋪有如紅心女王的庭園。充滿愛麗絲夢遊仙境元素巧思，迪士尼愛麗絲夢遊仙境主題房

とうきょうでぃずにーらんどほてる
東京迪士尼樂園®大飯店

擁有706間客房，規模最大的維多利亞式迪士尼飯店。可沉浸於《美女與野獸》、《奇妙仙子》、《愛麗絲夢遊仙境》和《仙履奇緣》等4部迪士尼電影情景的迪士尼角色房，最受各界好評。住宿其中，彷彿自己便是電影中的主角。

☎0570-05-1118(東京迪士尼度假區綜合預約中心／9:00～18:00)※部分PHS、IP電話和國際電話請打☎045-330-5711) MAP 附錄P2E3
🏠千葉縣浦安市舞浜29-1 Ⓥ精緻客房39000日圓～ ⒾIN15:00／OUT12:00
‼JR舞濱站步行8分、或搭乘東京迪士尼度假區線「東京迪士尼樂園站」即到
Ⓟ付費526輛

以搭乘帆船冒險的米奇一行人為主題的客房，米奇船長精緻客房

とうきょうでぃずにーしーほてるみらこすた
東京迪士尼海洋觀海景大飯店

以18～19世紀的義大利為設計概念的古典風格飯店。一如「觀海景」名稱之意，樂園側的客房可將地中海港灣一覽無遺。於2016年2月29日將501間客房重新翻修完成後，新推出了掛有米奇和夥伴們航海畫作等多款客房。

☎0570-05-1118(東京迪士尼度假區綜合預約中心／9:00～18:00)※部分PHS、IP電話和國際電話請打☎045-330-5711 MAP 附錄P2F3
🏠千葉縣浦安市舞浜1-13 Ⓥ精緻客房44200日圓～ ⒾIN15:00／OUT12:00
‼搭乘東京迪士尼度假區線「東京迪士尼海洋站」即到 Ⓟ付費418輛

以米奇褲子的圖案作為床鋪設計，令人印象深刻。隨處可見米奇腳印的米奇客房

でぃずにーあんばさだーほてる
迪士尼大使大飯店

仿造1930年代美國的裝飾藝術風格飯店。尤以布置滿米奇、米妮和唐老鴨主題的角色房最受歡迎。用餐時米奇等迪士尼明星會過來打招呼的自助餐型態餐廳——「大廚米奇」也不容錯過。

☎0570-05-1118(東京迪士尼度假區綜合預約中心／9:00～18:00)※部分PHS、IP電話和國際電話請打☎045-330-5711 MAP 附錄P2F3
🏠千葉縣浦安市舞浜2-11 Ⓥ標準客房30000日圓～ ⒾIN15:00／OUT12:00
‼JR舞濱站步行8分 Ⓟ付費1800輛(和伊克斯皮兒莉共用)

/ 各區域分類 /

STANDARD SPOT CATALOG

必遊景點目錄

CONTENTS

依照各區域介紹淺草寺或上野動物園等，遊客最常造訪的必遊觀光景點、好評餐廳、咖啡廳資訊。

詳細交通資訊請見 P151 ＞

原宿・
表参道・
青山

HARAJUKU
OMOTESANDO
AOYAMA

STANDARD SPOT CATALOG

明治神宮
めいじじんぐう
原宿 | 觀光

於1920 (大正9) 年創建，祭祀明治天皇和昭憲皇太后。新年參拜者的數量為日本第一。被綠意圍繞，面積相當於15個東京巨蛋大的廣袤占地內，種植著約234種樹木。知名的能量景點清正井也很受歡迎。

☎03-3379-5511　MAP 附錄P7A1
🏠渋谷区代々木神園町1-1　🚉JR原宿站表参道口即到　💰免費參拜(御苑、寶物殿的維護協助金500日圓)
🕐日出～日落　休無休

1 從大鳥居步行10分後可抵達本殿。多為祈求良緣的參拜者。左圖為清正井

岡本太郎
紀念館
おかもとたろうきねんかん
青山 | 觀光

以「藝術就是爆炸」這句名言而家喻戶曉的岡本太郎，將其工作室兼住宅改建而成的紀念館。館內收藏設計品、油畫、雕刻和未完成的作品等約600件作品。訪客可參觀岡本太郎生前使用的工作室、擺放裝飾藝術的庭園以及企劃展覽。

☎03-3406-0801　MAP 附錄P6D4
🏠港区南青山6-1-19　🚉地下鐵表参道站A5出口步行8分　💰入館620日圓
🕐10:00～17:30截止入場　休週二(遇假日則開館)

1 1F的沙龍和綠意盎然的庭園擺放著獨特的作品

ANNIVERSAIRE
Café&Restaurant
あにうぇるさいるかふぇあんどれすとらん
表参道 | 用餐

位於表参道主要道路的開放式咖啡廳。觀察表参道來來往往的人群，徹底放鬆。由專屬的西點師傅製作的甜點，和以法國料理為基礎，加入全球潮流元素製成的料理種類齊全。

☎03-5411-5988　MAP 附錄P7C3
🏠港区北青山3-5-30　🚉地下鐵表参道站A2出口即到　🕐11:00～23:00(週六日、假日9:00～)　休無休
📷156

1 使用當季食材的尼斯沙拉煙燻鮭魚1200日圓

---

bills
表参道
びるず
おもてさんどう
表参道 | 咖啡廳

來自雪梨的休閒餐廳。使用蛋白霜和瑞可達起士製成的鬆餅甜度適中，可嘗到入口即化的口感。可將屋頂庭園「表原之森」盡收眼底的露臺座位等，舒適空間為最大的魅力所在。

☎03-5772-1133　MAP 附錄P7B2
🏠渋谷区神宮前4-30-3 東急Plaza表参道原宿7F　🚉地下鐵明治神宮前(原宿)站5號出口即到　🕐8:30～23:00　休不定休
📷122

1 里考塔起士鬆餅 w/新鮮香蕉、蜂蜜奶油玉米 1512日圓

AREA

原宿・
表参道・
青山

HARAJYUKU
OMOTESANDO
AOYAMA

STANDARD SPOT CATALOG

Café Kaila 表参道店

かふぇ かいら おもてさんどうてん

表参道 / 咖啡廳

①

於夏威夷的美食競賽中獲得無數次金牌的夏威夷餐廳。招牌鬆餅採用高級品牌雞蛋，不使用油或奶油煎製而成的健康甜點。

☎050-5531-9452　附錄P7B3
🏠渋谷区神宮前5-10-1 GYRE地下1F　🚃地下鐵明治神宮前（原宿）站4號出口步行3分　🕘9:00～20:00（週六日、假日8:00～）　休不定休（準同GYRE）　📷70

① Kaila原創鬆餅（夏威夷尺寸）2300日圓，最受歡迎

Eggs 'n Things 原宿店

えっぐすん しんぐす はらじゅくてん

表参道 / 咖啡廳

掀起鬆餅潮流的夏威夷發祥休閒餐廳。招牌鬆餅雖有大量堆得有如小山的鮮奶油，但甜度適中，所以能一口接著一口。950日元起的煎蛋卷也是美味絕倫。

☎03-5775-5735　附錄P7B2
🏠渋谷区神宮前4-30-2　🚃地下鐵明治神宮前（原宿）站5號出口步行5分　🕘9:00～21:30LO（週六日、假日8:00～）　休不定休　📷108

① 最受歡迎的草莓鮮奶油和澳洲胡桃1150日圓

Q-pot CAFE.

きゅーぽっとかふぇ

表参道 / 咖啡廳

①

以甜點為設計主題的首飾品牌Q-pot.所創設的咖啡廳。充滿玩心的甜點可愛到令人覺得「好捨不得吃」。同款設計的首飾可於就近的Q-pot.原宿本店購買。

☎03-6427-2626　附錄P7C3
🏠港区北青山3-10-2　🚃地下鐵表参道站B2出口即到　🕘11:30～19:30　休無休　📷約40

① 附飲料的項鍊盤餐1390日圓，共6種類。圖片為玫瑰杯子蛋糕

Garrett Popcorn Shops® 原宿店

ぎゃれっとぽっぷこーんしょっぷす はらじゅくてん

原宿 / 購物

①

廣受愛戴超過65年的美國芝加哥爆米花專賣店。使用簽約農家所栽種的大顆玉米，每天於店面提供現做的好滋味。季節限定的口味和期間限定的設計鐵罐都不容錯過。

☎0120-93-8805　附錄P7B2
🏠渋谷区神宮前1-13-18　🚃JR原宿站表参道口即到　🕘10:00～21:00　休不定休

① 最受歡迎的「芝加哥綜合」S尺寸430日圓（方形）等，共7種口味

澀谷・代官山・惠比壽

SHIBUYA
DAIKANYAMA
EBISU

STANDARD SPOT CATALOG

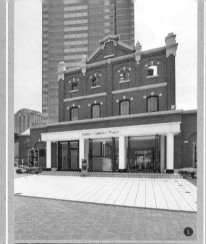

惠比壽 | 必訪

惠比寿花園廣場

えびすがーでんぷれいす

文化和藝術的發信基地
綠意盎然的街區

惠比壽地標性般的複合性設施。由包含「惠比壽三越」的眾多店鋪、咖啡廳＆餐廳、「東京都寫真美術館」、「惠比壽啤酒紀念館」和「東京威斯汀酒店」等設施所構成。也是知名的日劇和電影的拍攝地。

☎03-5423-7111 MAP附錄P10F3
🏠渋谷区惠比寿4-20 🚃JR惠比壽站東口步行5分
Ⓥ🕐休因設施而異

1 歐洲風紅磚建築的玄關十分顯目。聖誕時期會施行夜間點燈 2 全為寬敞座位的「YEBISU GARDEN CINEMA」，左圖為惠比壽啤酒紀念館

澀谷 | 觀光

Bunkamura THE MUSEUM

ぶんかむらざみゅーじあむ

展出在日本鮮為人知的藝術家個展，以及國外美術館的名品展等，以近代美術為中心企劃、營運展覽。因可欣賞到充滿話題性和主題性、以及具先知灼見的展覽而廣為人知。

☎03-5777-8600（Hello Dial語音服務）MAP附錄P9B3
🏠渋谷区道玄坂2-24-1 🚃JR澀谷站八公口步行10分 Ⓥ因展覽而異
🕐10:00～19:00（週五、六、21:00）休因展覽而異

1 2015年「維也納美術史美術館所藏 風景畫的誕生」

澀谷 | 用餐

LA BRASSERIE CHEZ MATSUO 東急本店

らぶらっすりーしぇまつお とうきゅうほんてん

法國料理著名餐廳CHEZ MATSUO的姊妹店。可輕鬆享用到本店滋味的酒館風餐廳。除了提供使用當季食材的全餐外，還有西班牙海鮮燉飯或漢堡等套餐可供選擇。還設有能悠閒放鬆的沙發席位。

☎03-3477-3889 MAP附錄P9B3
🏠渋谷区道玄坂2-24-1 東急百貨店本店8F 🚃JR澀谷站八公口步行10分
🕐11:00～21:45LO 休準同百貨公司 Ⓢ80

1 菲力牛排和煎鵝肝醬 羅西尼風味4968日圓

AREA

澀谷・
代官山・
惠比壽

SHIBUYA
DAIKANYAMA
EBISU

STANDARD SPOT CATALOG

代官山
Caffe Michelangelo
みけらんじぇろ かふぇ
☕ 咖啡廳

位於舊山手通，營造18世紀義大利氛圍的開放式咖啡廳。店內明亮開放，也常出現在日劇中。樹齡300年欅木林立的中庭也不容錯過。晴天時就在露臺座位悠閒休息吧。

☎03-3770-9517　MAP 附錄P11A1
🏠渋谷区猿楽町29-3　🚃東急東横線代官山站正面口步行5分　🕐11:00～22:30LO　🈺無休　🅿110

1 甜點全天候提供，各600日圓。搭配飲料成套餐折價100日圓

代官山
Cushu cusyu
くしゅくしゅ
🛍 購物

提倡令人心情舒適的生活型態，販售精選的家具和雜貨。店名意涵為「讓大家笑得臉皺成一團」。寬敞的店內富格調地擺放著各式家具，令人好想全部帶回家。

☎03-6415-7550　MAP 附錄P11C1
🏠渋谷区恵比寿西1-31-16　🚃東急東横線代官山站正面口步行3分　🕐11:00～19:00　🈺週一（逢假日則營業）

1 讓人不禁笑開懷的各式獨特、流行雜貨

代官山
pupi et mimi
ぷぴえみみ
🛍 購物

店內販售於法國和英國的跳蚤市場購得的骨董雜貨，以及從波蘭、俄羅斯與墨西哥等地直接進口的雜貨。商品中不乏絕無僅有的手工藝品或首飾，光看不買也是一番樂趣。

☎03-5456-7231　MAP 附錄P11B1
🏠渋谷区猿楽町13-5　代官山ステラハウス1-A　🚃東急東横線代官山站西口步行7分　🕐12:00～19:00　🈺週一（逢假日則營業）

1 設計簡樸的手工製作波蘭陶器。馬克杯2376日圓等

惠比壽
JAPANESE ICE OUCA
じゃぱにーずあいすおうか
🛍 購物

以和風為主題的人氣冰淇淋店。使用艾蒿、抹茶和大豆粉等日式口味或是當季的水果，主要使用日本產食材。隨時提供12種口味，內容依時期不同而變更。

☎03-5449-0037　MAP 附錄P10E2
🏠渋谷区恵比寿1-6-6　🚃JR恵比寿站西口即到　🕐11:00～23:00LO（11～2月12:00～22:45LO）　🈺無休　🅿9

1 可任選3種口味的標準大小460日圓。附鹽昆布。焙茶無限暢飲

新宿
SHINJUKU

STANDARD SPOT CATALOG

東京都廳
とうきょうとちょう

👆 觀光

可從標高202m
免費眺望美景的瞭望室

由世界著名建築師丹下健三所設計，東京第一本廳舍的雙塔建築。設置於45樓的南北2座瞭望室高202m，由於可免費入場而受到大眾歡迎。還設有販售限定商品的商店和美景咖啡廳。

☎03-5321-1111（代表）
MAP 附錄P15A3　🏢新宿区西新宿2-8-1
🚇地下鐵都廳前站A4出口即到　💴免費　🕐南瞭望室9:30～17:00（北瞭望室未開放時～22:30）、北瞭望室9:30～22:30　🈺南瞭望室第1、3週二，北瞭望室第2、4週一（逢假日則休翌日）

1 讓人聯想到巴黎聖母院的建築外觀。新宿地標性的存在
2 北瞭望室開放至22:30，所以能將東京夜景盡收眼底

吉本
LUMINE the よしもと
るみねざ

👆 娛樂

每日上演由吉本搞笑藝人演出的SP喜劇，或LIVE極短搞笑的搞笑劇場。除了能看到熟悉的藝人現場搞笑演出，在此發掘剛嶄露頭角的搞笑新人，也是劇場的樂趣之一。

☎0570-550-100（吉本票券）
MAP 附錄P15C3　🏢新宿区新宿3-38-2 LUMINE新宿店2 7F　🚇JR新宿站南口即到　🕐因公演而異　🈺無休

1 SP喜劇可觀賞到現場表演才會發生的突發狀況，讓人笑破肚皮

新宿
末廣亭
しんじゅくすえひろてい

👆 娛樂

重視自江戶時代以來寄席的傳統，將其氛圍增添現代風味的落語和色物的常設寄席。以娛樂江戶庶民的落語為中心，還有漫才、奇術和俗曲等色物表演，早晚2場。演出者每10日更換。

☎03-3351-2974　MAP 附錄P14E2
🏢新宿区新宿3-6-12　🚇JR新宿站東口步行7分
💴入場3000日圓　🕐12:00～16:30、17:00～21:00　🈺無休

1 週六21:00開始的深夜寄席只需500日圓便能觀賞

L'OCCITANE Café
ろくしたんかふぇ
用餐

誕生於南法普羅旺斯的生活化妝品品牌所開設的咖啡廳。使用當季食材的養生料理以及色彩繽紛的甜點，美味養顏。2F設有圖書館、3F為露台，在迥異的空間內悠閒放鬆。

☎03-5312-6865　MAP 附錄P14D2
🏠新宿区新宿3-17-5 2～3F　🚶JR新宿站東口步行3分　🕙10:00～23:00
㊡不定休　🪑100

1 人氣新宿店的限定餐點，火腿&鮭魚法式烘餅1800日圓

Brooklyn Parlor
ぶるっくりんぱーらー
用餐

知名爵士樂集團Blue Note Japan所創立，融合音樂、咖啡廳、書本、美食和Bar的店鋪。播放著怡人音樂的空間內擺放著多達2500本書。每週二會舉辦免費的音樂之夜。

☎03-6457-7763　MAP 附錄P14E3
🏠新宿区新宿3-1-26 新宿丸井ANNEX 地下1F　🚶JR新宿站東口步行7分　🕙11:30～23:30(週日、假日～23:00)　㊡不定休　🪑150

1 菲力牛排（200g）2052日圓，享用分量充足的美式料理

TAKANO FRUITS BAR 新宿本店
たかのふるーつばー しんじゅくほんてん
咖啡廳

創業130年的水果專賣店推出的水果吧。可享用到大量使用網紋哈密瓜或當季水果的甜點吃到飽（90分限制），廣受好評。因時間帶不同（午餐、甜點、晚餐）餐點內容會有所變更。

☎03-5368-5147　MAP 附錄P14D2
🏠新宿区新宿3-26-11 5F　🚶JR新宿站東口即到　🕙11:00～21:00　㊡不定休
🪑120

1 90分限制吃到飽2700日圓。除了水果外，一般餐點也很受歡迎

Robot Restaurant
ろぼっとれすとらん
夜間娛

總工程費用100億日圓，受到全世界矚目的SF餐廳。由巨型機器人為您呈獻精彩的歌舞表演接二連三。帥氣美豔女舞者的和太鼓與歌舞表演也不容錯過。巨型機器人領銜的豪華遊行掀起高潮。

☎03-3200-5500　MAP 附錄P14D2　🏠新宿区歌舞伎町1-7-1 地下2F　🚶JR新宿站東口步行5分　💴8000日圓(餐點費用另計)　🕙16:00～23:00(80分公演、3～4場制)　㊡不定休
🪑172

1 若當日有空位則可入場，但仍建議事先預約。左圖為豪奢的休息室

STANDARD SPOT CATALOG

六本木 | ろっぽんぎひるず
六本木新城
必訪

度過優質時光
獻給成人的設施

以高度238m為傲的六本木地標森大樓為中心的複合性設施。除了瞭望台、美術館和電影院之外，還擁有超過200間的店鋪和餐廳。於瞭望台欣賞美景、品味熱門美食，度過優質的一天。

☎03-6406-6000 MAP附錄P13B3
🏠港区六本木6-10-1其他 🚇直通地下鐵六本木站1C出口 ⏰🈺因設施而異

1 從海拔250m的52樓東京City View展望台將東京都全景一覽無遺（入館1800日圓）
2 以摺紙和蟲甲為設計概念的森大樓

六本木 | さんとりーびじゅつかん
三得利美術館
觀光

以「生活中的美」為基本概念的私人美術館。收藏作品以日本古美術為主，共有包含國寶、重要文化財等約3000件文物。館內無常設展，而是企畫展的形式展出作品。館內使用木頭與和紙建構而成，充滿暖意的空間。

☎03-3479-8600 MAP附錄P13B1
🏠港区赤坂9-7-4東京中城GALLERIA 3F 🚇直通地下鐵六本木站8號出口 ⏰因展覽而異 🈺10:00～18:00（週五、六～20:00）🈡週二、展覽更換期間

1 直線設計出自建築家隈研吾之手
攝影：木奧惠三

六本木 | すぬーぴーみゅーじあむ
史努比博物館
觀光

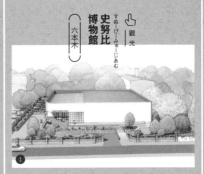

2016年4月開館。史努比迷的聖地，美國的查爾斯‧M‧舒茲美術館（下圖）世界首座分館。除了展示漫畫《花生漫畫》的原稿外，還有作者查爾斯‧M‧舒茲的珍貴早期作品以及古董商品。

☎未定 MAP附錄P13C3 🏠港区六本木5-6 🚇地下鐵六本木站3號出口步行7分 🈺入場1800日圓（日期時間指定預售票）、當日票2000日圓 🈺10:00～20:00 🈡開幕紀念展期間（2016年4月23日～9月25日）無休，之後未定

1 館區示意圖。第二檔展覽從2016年10月8日起至2017年4月9日為止

©Peanuts

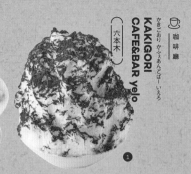

東京君悅酒店 French Kitchen

ぐらんど はいあっと とうきょう ふれんち きっちん

[六本木] 🍴 用餐

於午間自助餐時段能盡情享用創意法式小酒館料理。店內設有巨大酒櫃，會於週六日、假日推出香檳暢飲的方案。

☎03-4333-8781　MAP 附錄P13B3
🏠港区六本木6-10-3 東京君悅酒店 2F　🚇地下鐵六本木站1C出口步行3分　🕐6:30～21:30　🈂無休　🅿264

❶ 平日午間自助餐4658日圓，週六日、假日午間自助餐7700日圓，和豪華週末早午餐（附90分飲料暢飲）10930日圓

KAKIGORI CAFE&BAR yelo

かきごおり かふぇあんどばー いえろ

☕ 咖啡廳　[六本木]

一年四季都能品嘗到使用純冰製作，有如新雪般鬆綿剉冰的冰品專賣店。以自製的乳霜醬為基底，隨時提供包含季節限定的10種豐富多元口味。冰和醬料層層相疊，吃到最後味道依然香醇濃厚。

☎03-3423-2121　MAP 附錄P13C2
🏠港区六本木5-2-11　🚇地下鐵六本木站3號出口即到　🕐11:00～翌5:00（週日、假日～23:00，7～9月10:00～）　🈂無休　🅿16

❶ 馬斯卡邦800日圓。使用馬斯卡邦起司和可可粉

浪花家總本店

なにわやそうほんてん

[麻布十番] 🛍 購物

❶

昭和時期的熱門歌曲《游吧！鯛魚燒君》一曲的靈感來源，明治時期創業的鯛魚燒店。使用一個個單獨的模型，利用高溫烤製而成的薄皮內，填滿了使用十勝產紅豆的自製紅豆餡料。冷掉後再吃也不失美味。

☎03-3583-4975　MAP 附錄P13C3
🏠港区麻布十番1-8-14　🚇地下鐵麻布十番站7號出口即到　🕐11:00～19:00　🈂週三、第3週三

❶ 鯛魚燒1個150日圓。如遇大排長龍可先點餐，稍後再取

GELATERIA MARGHERA

じぇらてりあ まるげら

[麻布十番] 🛍 購物

❶

唯有米蘭本店才有店面的義式冰淇淋專賣店，全世界第一家分店便開設於此。使用新鮮食材的現做冰淇淋，有著令人吃驚的滑順口感。除了杯裝或甜筒外，也有餅乾或聖代可供選擇。

☎03-5772-3283　MAP 附錄P13C3
🏠港区麻布十番2-5-1 1F　🚇地下鐵麻布十番站4號出口步行4分　🕐11:30～22:30　🈂無休

❶ 道地米蘭滋味！芒果和黑巧克力大杯裝600日圓

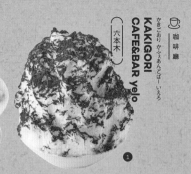

STANDARD SPOT CATALOG

銀座・有樂町・月島

GINZA
YURAKUCHO
TSUKISHIMA

STANDARD SPOT CATALOG

GINZA KABUKIZA
ぎんざ かぶきざ

銀座　👆娛樂

於1889（明治22）年開放的歌舞伎專門劇場。如果想專注觀賞的話，建議坐於1～3F（下圖）；只想輕鬆體驗的話，推薦您4F的一幕見席。附設展示歌舞伎服裝和小道具的歌舞伎藝廊、餐廳、伴手禮店和屋頂庭園。

☎03-3545-6800　MAP 附錄P18D3
🏠中央区銀座4-12-15　🚉直通地下鐵東銀座站3號出口　💰⏰休因公演、設施而異

1 超過120年的歷史中，經歷無數次改建，於2013年進行第5次重新裝修

樂天皇朝 Paradise Dynasty
ぱらだいす だいなすてぃ

銀座　🍴用餐

來自新加坡的現代風中華料理日本1號店。除了著名的8種小籠包外，還提供改良傳統中華料理而成的創作料理。完熟芒果布丁855日圓等甜點也很受歡迎。

☎03-6228-7601　MAP 附錄P19C2
🏠中央区銀座3-2-15　🚉地下鐵銀座站C8出口即到　⏰11:00～23:00（週日、假日～22:30）　休無休　💺182

1 18種小籠包1805日圓，使用天然色素著色，風味各異

煉瓦亭
れんがてい

銀座　🍴用餐

於1895（明治28）年創業，受到各個世代愛戴的正統派洋食店。蛋包飯和炸牡蠣等熟悉的料理便是誕生於此。文豪池波正太郎1天能吃上3盤的炸豬排最具人氣。

☎03-3561-3882　MAP 附錄P19C2
🏠中央区銀座3-5-16　🚉地下鐵銀座站A9出口步行3分　⏰11:15～14:15LO、16:40～20:30LO（週六、假日～20:00LO）　休週日　💺110

1 據說是炸豬排始祖的炸豬肉排1700日圓。酥脆的口感最具魅力

もんじゃ 錦本店
もんじゃにしほんてん

月島　🍴用餐

最先想出月島文字燒招牌口味──「麻糬明太子」的店鋪。在此孕育出種類眾多的特色文字燒，如加入鮭魚的「喔！石狩」1660日圓、或加入番茄的「整顆番茄墨西哥」1550日圓。

☎03-3534-8697　MAP 附錄P24B4
🏠中央区月島3-11-10　🚉地下鐵月島站7號出口即到　⏰17:00～22:00（週日、假日12:00～）　休週二　💺86

1 麻糬明太子文字燒1550日圓，入口即化的麻糬和明太子的顆粒感絕配

AREA

銀座・
有樂町・
月島

GINZA
YURAKUCHO
TSUKISHIMA

もんじゃ太郎

もんじゃたろう

月島 | 用餐

於羽海野千花的漫畫《3月的獅子》中登場的店鋪。漫畫中所描繪的鮭魚美乃滋文字燒，是有如北海道鮭魚鏘鏘燒的味道，魷魚切片和蝦干的口感是一大重點。招牌的太郎文字燒1240日圓，也值得推薦。

☎03-3531-3946　MAP 附錄P24B4
🏠中央区月島1-24-10　🚉地下鐵月島站7號出口即到　🕙11:30～15:00、17:00～21:30LO（週六日、假日11:30～21:30LO）　🈺無休　💺36

1 鮭魚美乃滋文字燒1200日圓，分量充足

WAKO ANNEX Tea Salon

わこうあねっくす てぃーさろん

銀座 | 咖啡廳

與因鐘塔而聞名的和光本館位於同側的茶沙龍。除了提供蛋糕和法國吐司等甜點外，也有蕎麥粉的法式薄脆餅和蛋包飯等輕食料理。也能品味到壺裝的紅茶和咖啡。

☎03-5250-3100　MAP 附錄P19C2
🏠中央区銀座4-4-8 2F　🚉地下鐵銀座站A10出口即到　🕙10:30～19:00LO（週日、假日～18:30LO）　🈺無休　💺52

1 蛋糕套餐1728日圓。可從約20種自製蛋糕中挑選

Lindt Chocolat Café 銀座店

りんつ しょこら かふぇ ぎんざてん

銀座 | 咖啡廳

以約170年歷史為傲的瑞士巧克力品牌所創設的咖啡廳。除了有知名的冰巧克力飲品外，還能品嘗到使用嚴選可可的頂級甜點。纖細欲融的甜點，無論是外觀或味道都令人傾心。

☎03-5537-3777　MAP 附錄P20B1
🏠中央区銀座7-6-12　🚉地下鐵銀座站B3出口步行5分　🕙11:00～22:00（週六日、假日～20:00）　🈺無休　💺32

1 Lindt下午茶巧克力2880日圓，為銀座店的平日限定餐點

銀座かずや

ぎんざかずや

有樂町 | 購物

隱身於有樂町的和菓子店。由同時為日本料理師傅的古關一哉先生手工製作的和菓子，即使需要預約，也想一嘗其滋味。招牌商品為帶有醇厚口感的「かずやの煉」，僅限於店內販賣，但可能於預約時便銷售一空。

☎03-3503-0080　MAP 附錄P19B2
🏠千代田区有楽町1-6-8 1F　🚉地下鐵銀座站C1出口即到　🕙11:30～15:00（可能已售完而打烊）　🈺週日、假日或臨時公休

1 三種煉菓子3個1100日圓。裹上蕨粉等的滑嫩感躍於舌尖

東京站・丸之內

TOKYOEKI
MARUNOUCHI

STANDARD SPOT CATALOG

必訪

〔丸之內〕 **新丸大樓**
しんまるびる

①

將1952（昭和27）年完工的新丸之內大樓重新改建而成的摩天大樓。以「美好時光」為中心概念，集結了高級品牌和知名甜點店等約150間店鋪的熱門景點。隔著行幸通的對面則是丸大樓。

☎03-5218-5100（丸之內客服中心）
📖附錄P17B3 🏠千代田区丸の内1-5-1 🚆JR東京站丸之內中央口即到
🕐11:00～21:00（因日期、店鋪而異）🚫無休

1 un petit Coeur BY CONCIERGE的原創地下鐵路線圖托特包（M）1080日圓

觀光

〔丸之內〕 **三菱一號館美術館**
みつびしいちごうかんびじゅつかん

①

將設計鹿鳴館的建築師喬賽亞・康德所設計，於1894（明治27）年完成的建築加以復原。每年舉辦3次以19世紀後半至20世紀前半的近代美術為主題的企畫展。

☎03-5777-8600（Hello Dial語音服務）
📖附錄P17B4 🏠千代田区丸の内2-6-2 🚆JR東京站丸之內南口步行5分 🕐10:00～18:00（除了假日或補假外的週五，展期最後一週的平日～20:00）🚫因展覽而異 🚫週一（遇假日、補假、展期最後一週則開館）

① 2010年開館的古典建築

必訪

〔東京站〕 **大丸東京店**
だいまるとうきょうてん

①

緊鄰東京站的百貨公司。1F&地下1F的「ほっぺタウン」為販售和菓子和便當等的「美食寶庫」。多達13層的樓層中有老字號名品、時尚商品和餐廳等進駐。絕對大排長龍的名店也不在少數。

☎03-3212-8011（代表號）
📖附錄P17C3 🏠千代田区丸の内1-9-1 🚆JR東京站八重洲北口剪票口即到 🕐10:00～20:00（因日期、店鋪而異）🚫無休

1 東京ひよ子的著名甜點雞仔餅（9個入 1080日圓）是收到會開心的招牌東京伴手禮

觀光

〔丸之內〕 **明治生命館**
めいじせいめいかん

①

1934（昭和9）年竣工的建築。被視為古典主義風格的最高傑作，是第一座被指定為重要文化財的昭和時代建築。除了1F店頭營業室（諮詢中心）、2F會議室外，也能參觀執勤室和接待室。

☎03-3283-9252（明治安田ビルマネジメント 丸之內中心）📖附錄P17B3 🚆JR東京站丸之內南口步行5分 💴免費參觀 🕐11:00～17:00（週三～週五16:30～19:30※2F局部和1F大廳）🚫週一、二

① 懷舊風的西南角接待室

La Mère Poulard
らめーるぷらーる

（丸之内）

🍴 用餐

於法國世界遺產聖米歇爾山傳承了1000年歷史與傳統的餐廳，首度於日本開店。招牌菜為按照秘傳食譜所製作的鬆軟煎蛋卷。絕對讓您嘗了一口，就對其獨特的口感感動不已。

☎ 03-5252-7171　MAP 附錄P17B4
🏠 千代田区丸の内3-5-1 1F　JR有樂町站国際フォーラム口即到　⏰ 11:00～23:00　休 無休　🈳 74

① 平日限定的午間全餐A 1782日圓。煎蛋卷附有每日不同的前菜等

六厘舍
ろくりんしゃ

（東京站）

🍴 用餐

以「在東京最想吃的店」為概念，集結了8間店鋪的東京拉麵街。首屈一指的排隊名店。確立了濃郁湯頭搭配粗麵的風格，也是引起沾麵旋風的起始店。早晨限定的早晨沾麵630日圓。

☎ 03-3286-0166　MAP 附錄P17C3
🏠 千代田区丸の内1-9-1 東京拉麵街道内
🍴 JR東京站八重洲地下中央口即到　⏰ 7:30～9:45（僅提供早餐菜單）、11:00～22:30　休 無休　🈳 26

① 醬油濃心蛋沾麵930日圓。將魚乾片溶於湯中享用

Baru& Bistro musiQ mood board
ばーる あんど びすとろ みゅーじっく むーどぼーど

（丸之内）

🍴 用餐

以「大家一起分享開心」為宗旨的輕食咖啡廳&小酒館。午餐可盡情享用超過10種的自製麵包。晚餐時可邊飲酒邊品嘗酒館料理。

☎ 03-6269-9351　MAP 附錄P17B3
🏠 千代田区丸の内2-6-1丸之内BRICK SQAURE 3F　🍴 JR東京站丸之內南口步行5分　⏰ 11:00～15:00、17:00～23:00（週五11:00～15:00、17:00～26:00）　休 無休　🈳 114

① 午間盤餐1598日圓※僅供參考

Madam Bla
まだむぶろ

（東京站）

☕ 咖啡廳

東京站內的咖啡廳。店內營造成丹麥庭園內的小房屋氛圍，提供丹麥出身的料理家所設計的料理，並以哥本哈根的器皿裝盤呈獻。店名為丹麥文中「藍壺」之意。

☎ 03-3218-8011　MAP 附錄P17C3
🏠 千代田区丸の内1-9-1 東京站内 KeiyoStreet 1F
🍴 JR東京站内　⏰ 7:00～23:00　休 無休　🈳 31

① 可愛的心型鬆餅，搭配香草冰淇淋和醃木莓560日圓

STANDARD SPOT CATALOG

日本橋
にほんばし

👆必訪

1 現在的橋為1911（明治44）年架設的第20代橋　2 兩端的獅子雕像和中央的麒麟雕像等美麗裝飾品不得不看。日本國道的起點「道路元標」也不容錯過

被描繪於浮世繪中
日本的代表橋梁

約400年前首次架設的名橋——日本橋。以江戶幕府創立的同時，於日本橋川上架立的木造橋梁為開端。也曾經登場於描繪江戶庶民的浮世繪之中。被認為是當時人文、物產和文化的薈萃之地。也是日本的重要文化財。

☎無　MAP 附錄P16D2
🏠中央区日本橋室町1-1　🚇地下鐵三越前站A3、A5出口即到　💳🈶🈚自由通行

日本橋三越本店
にほんばし みつこしほんてん

👆必訪

1 咖啡、店鋪和學習場結融為一體的本館7F「Hajimarino Cafe」很受歡迎

1673（延寶元）年創業的日本第一座百貨公司。文藝復興式的本館建築（下圖）被選為「東京都歷史建築」。擁有獅子雕像等，店內外都感受得到歷史氣息。

☎03-3241-3311（代表號）　MAP 附錄P16D2
🏠中央区日本橋室町1-4-1　🚇直通地下鐵三越前站A3、A5出口　🕙10:00～19:00（因店而異。2016年4月1日起10:30～19:30、餐廳11:00～22:00）　🈺不定休

日本橋髙島屋
にほんばしたかしまや

👆観光

1「Gumaina」餅乾禮盒2160日圓（26入）等，大多為別處買不到的商品

於昭和初期創建，被稱為「昭和名建築」的建築物，於2009年首次以百貨公司建物的名義被指定為國家重要文化財。即使經過數次改裝，手動電梯與店內裝飾依舊保留著往昔的面貌，且維持良好。

☎03-3211-4111　MAP 附錄P16D3
🏠中央区日本橋2-4-1　🚇直通地下鐵日本橋站B2出口　🕙10:00～20:00（因店而異）　🈺不定休

STANDARD SPOT CATALOG

たいめいけん

たいめいけん

用餐

①

1931（昭和6）年創業的洋食店。1F為休閒餐廳，2F則為正宗的洋食餐廳。蛋包飯和咖哩等，自第一代傳承下來的費工滋味，則是由常於電視登場的第三代茂出木浩司廚師所繼承。

☎03-3271-2463　MAP 附錄P16E3
🏠中央区日本橋1-12-10　🚇地下鐵日本橋站C2出口即到　🕐11:00～20:30LO（週日、假日20:00LO）　休無休　💺70

① 招牌餐點為滑嫩煎蛋搭配上番茄醬蛋包飯1700日圓

榮太樓總本鋪

えいたろうそうほんぽ

購物

從1857（安政4）年開店至今，因販售可愛的三角形榮太樓糖而令人倍感熟悉的和菓子店。店內提供以刀鍔命名的金鍔燒、以及江戶庶民喜愛的西河岸大福等，從創業當時便製作至今的和菓子。還附設有咖啡廳。

☎03-3271-7785　MAP 附錄P16D2
🏠中央区日本橋1-2-5　🚇地下鐵日本橋站B9出口即到　🕐9:30～18:00　休週日、假日　💺75

① 第一代發明的榮太樓糖。東京名所罐各389日圓，口味不同，鐵罐的圖案也不同

千疋屋総本店 日本橋本店
Fruits Parlour&Restaurant

せんびきやそうほんてん にほんばしほんてん
ふるーつぱーらーあんどれすとらん

咖啡廳

①

由第一代弁藏於1834（天保5）年在日本橋開設，最早為蔬果販賣店的老字號水果店。2F可享用到滿滿水果的甜點和芒果咖哩等餐點。於限定日期才能參加的世界水果吃到飽6480日圓，受到了熱烈的歡迎。

☎03-3241-1630　MAP 附錄P16D2
🏠中央区日本橋室町2-1-2 2階　🚇直通地下鐵三越前站A7、A8出口　🕐11:00～22:00（週日、假日～21:00）　休不定休　💺130

① 千疋屋特製聖代1944日圓～。將最美味的水果切片呈現

榛原

はいばら

購物

①

從1806（文化3）年起販售和紙的專賣店。除了用於書畫和包裝的單純和紙之外，還販售以和紙或千代紙製作的文具與和雜貨。「榛原WASHI TAPE」等採用江戶時代圖案，再以現代風格製成的小物種類繁多，應有盡有。

☎03-3272-3801　MAP 附錄P16D3
🏠中央区日本橋2-7-1 東京日本橋タワー　🚇地下鐵日本橋站B6出口即到　🕐10:00～18:30（週六日～17:30）

① 六角筆筒864日圓、千代紙小盒子864日圓。尤其適合送給外國的朋友

STANDARD SPOT CATALOG

東京最古老的寺院
隨處皆是重要景點

一年約有3000萬人造訪的知名古剎。寺院起源最早可追溯至推古天皇時代（628年）。以淺草的象徵雷門為起點，通過參道仲見世通，經過別稱為「仁王門」的寶藏門，以及高約54m的朱漆佛塔「五重塔」，便能抵達祭祀觀音本尊的本堂。

☎03-3842-0181　MAP附錄P23B2
🏠台東区浅草2-3-1　🚃地下鐵淺草站1號出口步行5分　🕐🈺🈚自由參觀

1 雷門的大燈籠高3.9m、直徑3.3m、重約700公斤。現在為第6代燈籠　2 長約250m的仲見世通是日本最古老的商店街之一。以伴手禮店為主，共有88間店鋪　3 安置佛骨的五重塔

淺草寺
せんそうじ

🔎 觀光

淺草演藝廳
あさくさえんげいほーる

🔎 娛樂

1

孕育出無數明星的「搞笑殿堂」。於1964（昭和39）年誕生了淺草的第一間寄席。從資深藝人到新人，1天約有40組，全年無休地演出落語、漫才、搞笑短劇和魔術等豐富多樣的表演。

☎03-3841-6545　MAP附錄P23A2
🏠台東区浅草1-43-12　🚃筑波快線淺草站A1出口即到　💴2800日圓（特別表演3000日圓）　🕐白天表演11:40～16:30、夜間表演16:40～21:00　🈚無休

1 白天和夜間表演原則上內容相同，可擇一欣賞

大黑家天麩羅
だいこくやてんぷら

🍴 用餐

1

1887（明治20）年創業的老字號餐廳。招牌料理為天丼、以及最受歡迎的炸蝦丼等2種。僅以麻油炸成的淺褐色天婦羅盛於白飯之上，搭配繼承自創業以來味道不變的濃厚醬料，令人食指大動。

☎ 03-3844-1111　MAP附錄P23B2
🏠台東区浅草1-38-10　🚃地下鐵淺草站步行7分　🕐11:00～20:30（週六、假日～21:00）　🈚無休　🪑120

1 炸蝦丼1950日圓。炸蝦多達4隻，甚至看不見白飯

うなぎ色川
うなぎいろかわ

用餐

現由第七代店主把守，1861（文久元）年創業的鰻魚專賣店。將鰻魚浸入創業後新研發的甜辣醬汁3次，再以紀州備長炭燒烤而成。外頭酥脆，裡頭綿軟。一脈相傳的技術將鰻魚燒烤得恰到好處。

☎ 03-3844-1187　MAP 附錄P23B3
🏠 台東区雷門2-6-11　🚉 地下鐵淺草站A1出口即到　🕐 11:30～14:00（售完打烊）　🚫 週日、假日（有臨時休業）　🅿 12

1 鰻魚盒飯有「大分量」和「普通」2種。圖片為大分量鰻魚盒飯4100日圓

木村家本店
きむらやほんてん

購物

淺草最傳統的人形燒店。1868（明治元）年創業，第一代店主參考淺草的名勝，而做出五重塔、雷神、燈籠和鴿子4種造型的人形燒。有滋味優雅的紅豆餡和無餡2種。以鬆軟的質地為最大特徵。常溫下可保存1週。

☎ 03-3841-7055　MAP 附錄P23B2
🏠 台東区浅草2-3-1　🚉 地下鐵淺草站1號出口步行8分　🕐 9:00～18:00　🚫 不定休

1 人形燒8個600日圓～。完整繼承創業當初的味道，傳統的淺草之味

カフェ
つむぐり
かふぇつむぐり

咖啡廳

改裝自約70年前建造的公共住宅而成的咖啡廳。以橡果的語源之一「つむぐり」作為店名。請於舒適宜人的古民家內享用爽口的咖啡，也有使用有機牛奶的「香しずく」或米麴甜酒做成的甜點。

☎ 03-6337-5869　MAP 附錄P23B1　🏠 台東区浅草5-26-8　🚉 筑波快線淺草站A1出口步行13分　🕐 13:00～20:00（週六日、假日12:00～19:00　🚫 週一（逢假日則翌日休）　🅿 28

1 放於豬口杯中的甜點套餐，甜點四重奏500日圓和咖啡600日圓

まるごと
にっぽん
まることにっぽん

購物

於2015年12月開幕，於淺草體驗日本各地魅力的商業設施。1～4F以「風土巡禮」為主題，約有50家店鋪進駐其內。販售優質的精選地方美食、活用地方傳統製作的工藝品以及各類餐廳。

☎ 03-3845-0510　MAP 附錄P23A2
🏠 台東区浅草2-6-7　🚉 筑波快線淺草站A1出口即到　🕐 10:00～20:00（3F～21:00、4F為11:00～23:00，因店而異）　🚫 無休

1 3F的「おすすめふるさと」共計17座鄉鎮合作聯展

STANDARD SPOT CATALOG

國立西洋美術館
こくりつせいよう びじゅつかん
👆観光

以川崎造船所的第一代經營者——松方幸次郎的收藏品為基礎而開設的美術館。專門收藏、展覽西洋美術品。館藏品多為中世末期～20世紀初的繪畫和法國近代雕刻，也收藏有大量莫內等畫家的印象派作品。

☎03-5777-8600(Hello Dial語音服務)　MAP附錄P21C2　🏠台東区上野公園7-7　‼JR上野站公園口即到　💰入館430日圓（常設展）　🕘9:30～17:30（週五～20:00）　休週一（遇假日則休翌日）、有臨時休館

1 勒‧科比意所設計的本館。左圖為19世紀大廳
圖片提供：國立西洋美術館

國立科學博物館
こくりつかがく はくぶつかん
👆觀光

介紹恐龍化石和宇宙最先端的技術等，科學領域的專門博物館。由日本館和地球館構成的博物館內，依樓層不同而設立不同的主題展區，主要展示實物標本。可從360度全方位播放影像的劇院36〇也十分值得一看。

☎03-5777-8600(Hello Dial語音服務)　MAP附錄P21C2　🏠台東区上野公園7-20　‼JR上野站公園口步行5分　💰入館620日圓（特別展另計）　🕘9:00～17:00（週五～20:00、閉館30分前截止入館）　休週一（遇假日則休翌日）

1 2015年夏季1F新設了地球史導覽
圖片提供：國立科學博物館

上野之森美術館
うえのもり びじゅつかん
👆觀光

館內未設有常設展，僅舉辦企劃展和公募展。不分國內外，不拘泥於形式，介紹廣泛藝術分野的企畫展，每每引起社會的絕大反響。由美術相關工作者所推薦的「VOCA展」，則讓人留意到鋒芒畢露的新銳藝術家。

☎03-3833-4191　MAP附錄P21B3　🏠台東区上野公園1-2　‼JR上野站公園口步行3分　💰因企畫展而異　🕘10:00～17:00（因展覽而變動）　休不定休

1 不僅是繪畫，還能對應如立體作品等各式各樣作品的展覽空間

恩賜上野動物園
おんし うえの どうぶつえん
👆娛樂

於1882（明治15）年開園。以擁有14萬㎡面積為傲的日本第一座動物園，園內養育且展示如貓熊、長頸鹿和霍加狓等約400種，共3000隻的動物。分為東園和西園的園內，還散布著舊寬永寺五重塔。

☎03-3828-5171　MAP附錄P21A2　🏠台東区上野公園9-83　‼JR上野站公園口步行5分　💰入園600日圓　🕘9:30～17:00（16:00截止入園）　休週一（遇假日則休翌日）、有可能開園

1 現在飼養的貓熊「力力」
圖片提供：（公財）東京動物園協會

用餐

上野精養軒 カフェランランドーレ
うえのせいようけん かふぇらん らんどーれ

於1872（明治5）年創業，作為日本的法國料理先驅而家喻戶曉的著名餐廳。餐廳內有露臺座位，在開放式的氣氛中，可享用到燉牛肉、牛肉燴飯等使用半釉汁的傳統料理。

☎03-3821-2181　MAP附錄P21B2
🏠台東区上野公園4-58　🍴JR上野站公園口步行8分　🕐11:00～20:00（咖啡廳10:00～）　🈳無休　💺130

1 懷舊滋味的燉牛肉2100日圓。半釉汁約花費10天燉煮而成

用餐

上野の杜 韻松亭
うえのもり いんしょうてい

自創業以來，已擁有140年歷史的老字號料亭。被四周綠意圍繞的純日式住宅內，提供的會席料理為主要使用豆類和當季新鮮食材的「豆豆料理」。使用100%日本國產黃豆，還有豆皮和黃豆味噌湯等豐富多樣的黃豆吃法。

☎03-3821-8126　MAP附錄P21B2　🏠台東区上野公園4-59　🍴JR上野站公園口步行3分　🕐11:00～15:00、17:00～23:00（假日～22:00）　🈳無休　💺38

1 午間料理花蕾膳 月2600日圓。包含豆富和豆御飯等10種菜色。2016年3月19日～4月10日，賞櫻便當調整為3800日圓起

咖啡廳

新鶯亭
しんうぐいすてい

以1915（大正4）年創業後一脈相傳的鶯糰子為招牌商品。套餐包含十勝產的紅豆餡、使用十勝產白腰豆的白餡、以及抹茶餡等3種口味。盛於盤上的6種類關東煮800日圓，也值得推薦。

☎03-3821-6306　MAP附錄P21B2
🏠台東区上野公園9-86　🍴JR上野站公園口步行5分　🕐10:00～17:00　🈳週一（逢假日則休翌日）　💺48

1 鶯糰子550日圓。由於點餐後才現做，十分柔軟

購物

BOUL'MICH（ecute上野）
ぶーるみっしゅ

據說是在日本將西點推廣至大眾的西點店。糕點的代表——舒芙蕾蛋糕5個入540日圓、席布斯特1080日圓，除此之外還有受歡迎的ecute上野限定貓熊甜點。貓熊馬卡龍裡頭夾的是入口即化的濕綿奶油。

☎03-5826-5644　MAP附錄P21C3
🏠台東区上野7-1-1 3F
🍴JR上野站3F剪票口內
🕐8:00～22:00　🈳無休

1 貓熊馬卡龍5入1080日圓。左圖為貓熊瑞士卷1296日圓

彩虹大橋
れいんぼーぶりっじ 必訪

連結芝浦埠頭和台場的吊橋，並且由首都高速11號台場線、臨港道路、臨海新交通系統（百合海鷗線）構成的複合性交通設施。設有能徒步橫渡的1.7km「彩虹大橋遊步道」，可眺望遊船與夜景。

☎無　MAP 附錄P24A1　🏠港區海岸～港區台場
🍴【芝浦側入口】百合海鷗線芝浦埠頭站步行5分、【台場側入口】百合海鷗線御台場海濱公園站步行15分
🚗免費通行　🕘9:00～21:00（11～3月10:00～18:00）
🈺第3週一（逢假日則休翌日）

🚶 步行約需25分

AQUA CiTY ODAIBA
あくあしてぃおだいば 必訪

店鋪和餐廳幾乎為相同數量，以台場最大規模的美食中心為傲的購物商場。擁有女神露臺和各式餐廳等，能將彩虹大橋與東京灣的美景盡收眼底，是AQUA CiTY的最大賣點。還附設有博物館與電影院等。

☎03-3599-4700　MAP 附錄P24A1
🏠港区台場1-7-1
🍴百合海鷗線台場站即到
🕘11:00～21:00（餐廳～23:00）※因店而異　🈺不定休

1 從女神露臺可將自由女神像和彩虹大橋一覽無遺

DiverCity Tokyo 購物中心
だいばーしてぃとうきょうぷらざ 必訪

集結國內外的休閒服飾品牌、餐廳、表演廳和滑板場等的商業設施。設施外頭有極受歡迎的等比例大鋼彈立像，設施內則是有能體驗到鋼彈世界的「鋼彈東京最前線」（需付費，部分設施免費）。

☎03-6380-7800　MAP 附錄P24A2
🏠江東区青海1-1-10　🍴臨海線東京電訊站B出口步行3分　🕘10:00～21:00
※因店而異　🈺不定休

1 豐富的娛樂設施齊聚一堂。左圖為設有700個座位的美食街

東京杜莎夫人蠟像館
まだむたっそー とうきょう 娛樂

展示日本國內外本人公認，超過60座的等比例名人蠟像。越是近距離接近蠟像，就越會被那逼真程度嚇得大吃一驚。可隨心所欲地觸碰或是合影。還設有體驗&遊樂空間，最適合闔家歡樂。

☎03-3599-5231　MAP 附錄P24A1　🏠港区台場1-6-1 DECKS Tokyo Beach 3F　🍴百合海鷗線御台場海濱公園站北口步行2分
🕘入館2200日圓（日期限定指定預售券1500日圓）
🕘10:00～20:00（19:00截止入場）　🈺準同DECKS TOKYO Beach

1 彷彿本人就在現場

The images shown depict wax figures created and owned by Madame Tussauds.

前往台場最具人氣的
富士電視台！

富士電視台為最早將電視台開放為能遊樂其中的娛樂設施先驅。常於螢幕上所見的球體為瞭望室「はちたま」(25F)。可在此參觀熱門節目所使用的布景，或是購買電視台的角色商品，度過充實的一天。

富士電視台本社大樓
ふじてれびほんしゃびる

👆 娛樂

☎0180-993-188(參觀導覽客服中心) MAP附錄P24A1 🏢港区台場2-4-8 🚃百合海鷗線台場站步行3分 ¥免費入場(24、25F入場550日圓) 🕙10:00～18:00 🈺無休(25F瞭望室週一休※逢假日則休翌日)

1 24F開放實際使用的攝影棚。節目布景等位於5F，免費參觀（週四～週日）

palette town 摩天輪
ぱれっとたうん だいかんらんしゃ

👆 娛樂

高115m、直徑100m的日本最大摩天輪，夜晚會實施點燈，和台場的夜景交相輝映。乘坐一圈16分。64台纜車當中，有4台為透明地板的透明纜車。

☎03-5500-2655 MAP附錄P24A2 🏢江東区青海1-3-10 palette town內 🚃百合海鷗線青海站北口即到 ¥搭乘920日圓 🕙10:00～22:00（週五、六、假日前日～23:00截止搭乘）🈺每年2次

1 於空氣清澈的冬季晴天時，可遠眺富士山

Dining Bar BLUE TABLE お台場
だいにんぐばー ぶるーてーぶる おだいば

🍴 用餐

以「台場食堂」為概念的餐廳。可邊眺望沙灘、碧海和彩虹大橋，邊在開放式的氣氛中用餐。午餐（～15:00，週六日～17:00）共有6種。晚餐（17:00～）可輕鬆享用的單點料理。

☎03-3529-5573 MAP附錄P24A1 🏢港区台場1-4 Marine House 2F 🚃百合海鷗線御台場海濱公園站北口步行5分 🕙11:30～23:00 🈺週二 🪑36

1 午餐附沙拉和飲料。加入了自製漢堡排的夏威夷米飯漢堡1000日圓

Kirarina 京王吉祥寺
きらりな けいおう きちじょうじ

🖐 必訪

以「邂逅不同面貌的我，我的鍾愛之物」為概念，以重視自我價值觀的30幾歲女性為目標客群的車站共構商場。匯集了流行、化妝品、雜貨和美食。2F與5F的女性專用化妝室也頗引人注目。

☎0422-29-8240　MAP 附錄P25B3
🏠武藏野市吉祥寺南町2-1-25　🚶直通京王井之頭線吉祥寺站　🕙10:00〜21:00（因店而異）　休不定休

1 9F的Kirarina露台是可將武藏野盡收眼底的休憩場所（🕙10：00〜20：00）

The Original PANCAKE HOUSE 吉祥寺
おりじなる ぱんけーき はうす きちじょうじ

☕ 咖啡廳

1953（昭和28）年於美國創業的熱門鬆餅店。每天製作的麵糊是基於創業者獨創食譜，使用天然酵母發酵3日而成。奶油和醬料也是堅持每日手工製作。用烤爐燒製而成的荷蘭烤鬆餅1340日圓，更是大受歡迎。

☎0422-26-6378　MAP 附錄P25B3
🏠武藏野市吉祥寺南町1-7-1丸井吉祥寺店1F　🚶JR吉祥寺站公園口即到　🕙9:00〜20:00（準同丸井吉祥寺店）　休不定休　🅿76

1 綜合水果鬆餅2100日圓。鬆餅質地輕盈，口感舒適

COFFEE HALL くぐつ草
こーひーほーる くぐつそう

☕ 咖啡廳

自1979（昭和54）年營業至今的咖啡廳。有著如置身於洞窟般的不可思議空間，點餐後，一杯杯細心磨豆、沖泡的咖啡適合用心品嘗。加入10種辛香料，使用原創調理方式製作的咖哩也是遠近馳名。

☎0422-21-8473　MAP 附錄P25B3
🏠武藏野市吉祥寺本町1-7-7　島田ビル地下1F　🚶JR吉祥寺站北口步行3分　🕙10:00〜22:00　休無休　🅿54

1 時髦氣圍的店內空間。左圖為人氣的くぐつ草咖哩套餐1630日圓

36
さぶろ

🛍 購物

受到大眾喜愛超過10年的吉祥寺文具店。店內擺滿了日本的常用文具、懷舊文具、國外進口文具以及原創商品。從店主精心挑選的可愛特色商品中，挑出你屬意的商品吧。

☎0422-21-8118　MAP 附錄P25B3
🏠武藏野市吉祥寺本町2-4-16　🚶JR吉祥寺站北口步行5分　🕙12:00〜20:00　休週二

1 36設計的吉祥寺吉祥物——吉ぞうさん原子筆367日圓、便條紙389日圓

にじ画廊
にじがろう

購物

販售全類型商品的銷售空間。1F販賣藝術家和創作家設計的雜貨與商品、2F則是利用寬廣的空間，主要展示插畫和藝術作品的藝廊。

☎0422-21-2177　MAP附錄P25B3
🏠武藏野市吉祥寺本町2-2-10　🚉JR吉祥寺站北口步行4分　🕐12:00～20:00
休週三

1 以插畫家為首，店內擺滿了約80名藝術創作家的作品

吉祥寺さとう
きちじょうじ さとう

購物

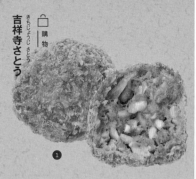

1948（昭和23）年創業的肉店「さとう」，其炸肉餅以圓形為最大特徵。外頭酥脆，裡面多汁，在日本國產黑毛和牛專賣店才能嘗到的絕妙滋味在口中擴散開來。店面隨時提供現炸產品。

☎0422-22-3130　MAP附錄P25B3
🏠武藏野市吉祥寺本町1-1-8　🚉JR吉祥寺站北口即到　🕐9:00～20:00（炸肉餅販售10:30～）　休無休

1 元祖圓形炸肉餅220日圓。肉汁濃縮了黑毛和牛才有的美味

小ざさ
おざさ

購物

於吉祥寺經營超過60年，人潮永遠絡繹不絕的和菓子店。僅販售最中和羊羹。羊羹675日圓，1日限定150條（1人限購3條）。為了拿到8點15分開始發放的號碼牌，從一大清早便大排長龍。最中除了店內販售外，也可於網路購買。

☎0422-22-7230　MAP附錄P25B3
🏠武藏野市吉祥寺本町1-1-8　🚉JR吉祥寺站北口步行3分　🕐10:00～19:30
休週二

1 最中1個61日圓（紅豆、白餡）。活用優質食材的高雅口感

上海燒き小籠包
しゃんはい やきしょうろんぽう

購物

可品嘗到上海路邊攤美食「水煎包」的外帶店。皮和內餡全為日本國內生產，一個個水煎包皆為細心地手工製作。滿排於鐵板上蒸煎的畫面相當爽快。

☎0422-24-7660　MAP附錄P25B3
🏠武藏野市吉祥寺本町1-1-4　🚉JR吉祥寺站北口即到　🕐11:00～20:00
休週三（逢假日則營業）

1 水煎包6個580日圓。煎成微焦的表皮和滾燙的肉汁，簡直絕配

STANDARD SPOT CATALOG

145

東京
主題樂園
玩樂之處

TOKYO
THEME PARK
ODEKAKE
SPOT

STANDARD SPOT CATALOG

皇居 こうきょ
丸之内 ／ 必訪

皇居為過去江戸城的所在之處。「皇居外苑」和「皇居東御苑」免費對外開放。是個即使位於東京都中心，仍能擁有一片綠意，且感受到歷史氣息的景點。

☎03-3213-0095（皇居外苑）、☎03-3213-1111（皇居東御苑） MAP 附錄P4D2 【皇居外苑】🏠千代田区皇居外苑1-1 🚶地下鐵二重橋站3號出口即到 【皇居東御苑】🏠千代田区千代田1-1 🚶地下鐵大手町站C13出口步行3分 🕐免費參觀 🕘9:00～17:00（有季節性差異） 🕤週一、週五其他

1 從皇居外苑所見的二重橋

江戸東京博物館 えどとうきょうはくぶつかん
兩國 ／ 觀光

以江戸和東京的歷史與文化為主題的博物館。2015年3月常設展示室重新整修，新設立了「幕末的江戸城—本丸・二丸御殿—」和「雲雀之丘社區」等新模型和展示空間。也備有豐富的體驗設施，多次造訪樂趣依舊。

☎03-3626-9974 MAP 附錄P4E2 🏠墨田区横網1-4-1 🚶JR兩國站西口步行3分 🕐常設展600日圓（特別展費用另計） 🕘9:30～17:30（週六～19:30） 🕤週一（逢假日則休翌日）

1 常設展示室為5F、6F。有等比例的戲劇小屋和中村座模型

圖片提供：江戸東京博物館

陽光城 さんしゃいんしてぃ
池袋 ／ 觀光

由池袋地標性存在的摩天大樓和周邊大樓合為一體的大型商業設施。除了水族館、瞭望台、漫畫主題樂園和天文台等休閒設施外，還有購物設施與美食中心。

☎03-3989-3331 MAP 附錄P5C1 🏠豐島区東池袋3 🚶JR池袋站東口步行8分 🕐🕘🕤因設施而異

1 位於屋頂的陽光城水族館，海狗彷彿於空中游動!?

國會議事堂 こっかいぎじどう
永田町 ／ 觀光

不需事前預約，只要當場登記便能入內參觀參、眾兩議院。在國會警衛的帶領下參觀完議事堂後，可於國會議事堂前（下圖）拍照留念。

☎03-5521-7445（參議院）、☎03-3581-5111（衆議院） MAP 附錄P4D3 🏠千代田区永田町1-7-1 🚶地下鐵永田町站步行3分 🕐免費參觀 🕘【參議院】9:00～16:00的每個整點（週六日、假日不舉辦）【衆議院】9:00～16:00的每個整點（無12:00行程，週六日、假日需洽詢） 🕤本會議開會日的開會1小時前至結束為止

1 可於舉行本會議的議場參加旁聽

圖片提供：參議院事務局

AREA

東京
主題樂園
玩樂之處

TOKYO
THEME PARK
ODEKAKE
SPOT

STANDARD SPOT CATALOG

濱離宮恩賜庭園
はまりきゅうおんしていえん

汐留

觀光

於江戶時代為將軍的鷹獵場，明治維新後成為皇室的離宮，現在則是作為東京都的庭園對外開放。庭園內擁有東京都內唯一引流海水的「潮入之池」和2座「獵鴨場」，除此之外，春季的油菜花和櫻花，秋季有波斯菊等，四季賞花各有情趣。

☎03-3541-0200　MAP 附錄P20B2
🏠中央区浜離宮庭園1-1　🚶地下鐵汐留站步行7分
🕐入園300日圓　🕘9:00～17:00(16:30截止入場)
🈳無休

1 位於潮入之池中島上的御茶屋。後方可見到汐留的大樓建築群

圖片提供:公益財團法人東京都公園協會

Aqua Park 品川
あくあぱくしながわ

品川

娛樂

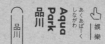

2015年7月整修後重新開幕。以聲光和影像呈現海中生物。自在漂浮的水母和畫夜相異的海豚表演，還有海洋叢林區等樂趣無窮的設施。優美的珊瑚咖啡吧也不容錯過。

☎03-5421-1111(語音導覽)　MAP 附錄P5C4
🏠港区高輪4-10-30 品川王子大飯店內　🚶JR、京急線品川站高輪口即到
🕐入場2200日圓　🕘10:00～22:00(※有季節性變動)
🈳無休

1 海豚表演「The stadium」

川崎市藤子·F·不二雄博物館
かわさきしふじこえふふじおみゅーじあむ

川崎市

娛樂

可體驗長年居住於川崎市，孕育出《哆啦A夢》等作品的藤子·F·不二雄老師的漫畫世界的博物館。館內展示眾所皆知的人氣角色、珍貴的原稿以及販售館內的限定商品。在戶外空間可和角色模型一同拍照留影。

☎0570-055-245　MAP 附錄P3A3　🏠川崎市多摩区長尾2-8-1　🚶JR、小田急線登戶站搭乘付費接駁巴士車程9分　🕐入場1000日圓(僅於便利商店LAWSON販售)　🕘10:00～18:00(日期時間指定完全預約制)　🈳週二

1 可閱讀作品的漫畫空間。左圖為展示室I

©Fujiko-Pro

三鷹之森吉卜力美術館
みたかのもりじぶりびじゅつかん

三鷹市

娛樂

以「一起迷路吧。」為宣傳標語的吉卜力工作室美術館。不分館內外，皆滿是能讓訪客迷失於吉卜力世界的空間。咖啡廳和附設商店也不容錯過！

☎0570-055777　MAP 附錄P25A4　🏠三鷹市下連雀1-1-83　🚶JR三鷹站南口步行15分，或搭乘付費接駁巴士5分　🕐入場1000日圓(事先預約制。詳細請洽官網http://www.ghibli-museum.jp/en/)(英語)　🕘10:00～18:00(咖啡廳11:00～)　🈳週二、有長期休館

1 於動畫誕生之處展示動畫製作的過程。可在左圖的屋頂庭園拍照

©Museo d'Arte Ghibli

GOOD

價格可愛&安心的住宿指南

TO SLEEP

(銀座) ──────── 都會型飯店

ぎんざぐらんどほてる

GINZA GRAND HOTEL

距離新橋站步行3分，除了於銀座購物外，前往各類休閒或觀光景點也十分方便。被獨有的香氣所包圍的大廳，以及使用對環境無害的備品等，讓人能悠開地放鬆身心。

☎03-3572-4131　MAP附錄P20A1　
🏠中央区銀座8-6-15　🚃JR新橋站銀座口步行3分　💰單人房7200日圓～、雙床房17400日圓～　🕐IN15:00／OUT11:00

(銀座) ──────── 都會型飯店

ほてるゆにぞぎんざいっちょうめ

HOTEL UNIZO 銀座一丁目

擁有俐落洗鍊的建築外觀和與席夢思公司共同研發的獨家床鋪，舒適的客房很受年輕女性歡迎。最頂層的12F為女性專用樓層，安全設施也萬無一失。飯店1F的餐廳「BAR dompierre Tutto Felice」和客房服務也不容錯過。

☎03-3562-8212　MAP附錄P18D1　
🏠中央区銀座1-9-5　🚃地下鐵銀座一丁目站10號出口即到　💰單人房9800日圓～、雙人房17780日圓～　🕐IN14:00／OUT12:00

(品川) ──────── 都會型飯店

ぐらんどぷりんすほてるしんたかなわ

新高輪格蘭王子大飯店

雖位於市中心，卻擁有20000㎡面積日本庭園的都會型飯店。特色為所有客房皆附有陽台，其中也有面對庭園或看得到東京鐵塔的房間。也有提供附保養用品的女性住宿專案。「Prince Basic Standard」專案為16038日圓～。

☎03-3442-1111　MAP附錄P5C4　
🏠港区高輪3-13-1　🚃JR品川站高輪口步行5分　💰雙床房40392日圓～　🕐IN14:00／OUT11:00

(品川) ──────── 都會型飯店

しながわぷりんすほてる

品川王子大飯店

位於品川站前，由主塔樓、附屬塔樓、N塔和東塔等4幢大樓構成的飯店。附設有水族館等娛樂設施，可對應多樣化的需求。「Prince Basic Standard」專案住宿主塔樓雙床房，14256日圓～。

☎03-3440-1111　MAP附錄P5C4　
🏠港区高輪4-10-30　🚃JR品川站高輪口即到　💰雙床房29700日圓～　🕐IN14:00／OUT11:00

(淺草) ──────── 都會型飯店

ざ・げーとほてるかみなりもん ばい ひゅーりっく

The Gate Hotel雷門 by HULIC

建於淺草雷門斜前方的飯店。從客房可將淺草市區和東京晴空塔盡收眼底。客房種類有Modest、Authentic、Essential、Scenic、Classy、Balcony和The Gate等，豐富多元。圖片為Classy雙人房25660日圓～。

☎03-5826-3877　MAP附錄P23B3　
🏠台東区雷門2-16-11　🚃地下鐵淺草站2號出口即到　💰雙床房25660日圓～　🕐IN14:00／OUT11:00

(淺草) ──────── 商務飯店

けいきゅう いーえっくす いん あさくさばしえきまえ

京急EX Inn 淺草橋站前店

以交通便利為宗旨的商務飯店。客房內設置「愛維福」床墊，以及於櫃台出借各種枕頭等，讓住宿客人能一夜好眠。飯店提供的附女性工作人員挑選的備品住宿專案，或是女性優先入住樓層的單人房等，受到女性顧客的熱烈歡迎。

☎03-5820-3910　MAP附錄P4E2　
🏠台東区浅草橋1-27-9　🚃地下鐵淺草橋站即到　💰單人房6000日圓～　🕐IN15:00／OUT10:00

(上野) ──────── 商務飯店

うえのほてる

上野酒店

附免費Wi-Fi的都市型造型空間內，客房床鋪全部採用席夢思床具，令人能安眠一整晚。深受女性歡迎的女士住宿專案（12000日圓～）讓您入住高樓層客房，並於客房內備有精選備品與蒸臉機。

☎03-6231-7610　MAP附錄P4E1　
🏠台東区上野7-12-9　🚃JR上野站入谷口步行5分　💰半雙人房10000日圓～　🕐IN15:00／OUT11:00

※1泊2食、1泊附早餐、純住宿的費用為2人住1房時，1人的費用。單人房、雙床房、雙人房等費用為1房的費用。

せれすてぃんほてる
Celestine Hotel

座落於芝公園附近，可遠眺東京鐵塔，有如成人隱密小屋般的飯店。充滿著精油香氣的大廳、住宿者可全天候利用的休息室與花園露臺等，提供了舒適的住宿空間。圖片為禁菸精緻雙人房11500日圓～（1人住宿的費用）。

☎03-5441-4111　**MAP**附錄P12F4
🏠港区芝3-23-1　🚃地下鐵芝公園站A2出口即到　💴單人房10500日圓～、雙床房15500日圓～　🕐IN14:00／OUT11:00

ほてる ざ・びー・ろっぽんぎ
HOTEL the b roppongi

建於六本木中心，擁有76間客房，有如隱密之家般的設計師飯店。以摩登氣氛的大廳和沉穩色調設計的客房為傲。圖片為加等精緻雙床房18000日圓～。由席夢思提供的床具讓您一夜好眠。

☎03-5412-0451　**MAP**附錄P13C2
🏠港区六本木3-9-8　🚃地下鐵六本木站5號出口即到　💴單人房11100日圓～、雙人房16000日圓～　🕐IN15:00／OUT11:00

ろっぽんぎほてるえす
HOTEL S ROPPONGI

飯店理念為「獻給熟知玩樂之道成人的都會基地」。由建築師和設計家所著手設計的特色客房共有10種以上，可隨個人喜好挑選。圖片為放置兩張寬120cm床鋪的豪華雙床房，24700日圓～。有大量蔬菜的自助餐早餐很受歡迎。

☎03-5771-2469　**MAP**附錄P13A3
🏠港区西麻布1-11-6　🚃地下鐵六本木站2號出口步行步6分　💴雙人房15400日圓～、雙床房19500日圓～　🕐IN15:00／OUT11:00

ろってしてぃほてるきんしちょう
樂天都市酒店錦糸町

以「口の恋人」為宣傳標語的樂天製菓所設立的日本第一座商務飯店。所有客房都提供樂天都市酒店錦糸町獨家的巧克力。精油香氣的女性限定療癒客房樓層和小熊餅乾房受到女性熱烈的歡迎。

☎0120-610-555　**MAP**附錄P4F2
🏠墨田区錦糸4-6-1　🚃JR錦糸町站北口即到　💴單人房8208日圓～、雙床房14000日圓～　🕐IN15:00／OUT11:00

ほてるめっつしぶや
澀谷METS飯店

直通澀谷站，交通便利的商務飯店。以合理的價格入住具有都會型飯店等級的客房。圖片為妝點綠意的概念客房「Premium Green」。可從2間咖啡廳選擇的早餐廣受好評。

☎03-3409-0011　**MAP**附錄P8E4
🏠澀谷区渋谷3-29-17　🚃JR渋谷站新南口連通　💴單人房15500日圓～、雙床房25000日圓～　🕐IN15:00／OUT11:00

どーみーいん ぷれみあむ しぶやじんぐうまえ
Dormy Inn PREMIUM澀谷神宮前

使用對身體有益的超軟水，附設男女分別大浴場的頂級品質商務飯店。客房設置加濕空氣清淨機和全美飯店使用率第一名的舒達床墊，讓人能一夜好眠。免費提供的宵夜拉麵（通稱：夜鳴きそば）令人感到窩心。

☎03-5774-5489　**MAP**附錄P8D1
🏠渋谷区神宮前6-24-4　🚃地下鐵明治神宮前(原宿)站7號出口步行6分　💴單人房11490日圓～、雙床房20990日圓～　🕐IN15:00／OUT11:00

ほてるさんるーとぷらざしんじゅく
新宿燦路都廣場大飯店

擁有完善的保全系統，女性也能安心單獨住宿的飯店。單身女性客房備有女性專用保養品、負離子吹風機和空氣清淨機等，讓人能舒適住宿。飯店內還設有義大利餐廳和酒吧。

☎03-3375-3211　**MAP**附錄P15C4
🏠渋谷区代々木2-3-1　🚃JR新宿站南口步行3分　💴單人房14400日圓～、雙床房23400日圓～　🕐IN14:00／OUT11:00

ほてるめとろぽりたん
大都會大飯店

鄰近於交通便利的池袋站，位置絕佳。開放寬敞的大廳內有豪華的插花裝飾，也是不少人駐足拍照的地點。飯店內超過800間的客房，顧客可依自己的需求挑選。自助式餐廳「Cross Dine」的早餐廣受好評。

☎03-3980-1111　**MAP**附錄P5B1
🏠豊島区西池袋1-6-1　🚃JR池袋站西口步行3分　💴雙人房、雙床房17000日圓～　🕐IN15:00／OUT12:00

ACCESS GUIDE

前往東京的方式

前往東京可選擇飛機或電車等各種交通方式。
考量預算和所需時間後，決定優先使用順序來善用各式交通工具吧。

各地前往東京的交通方式

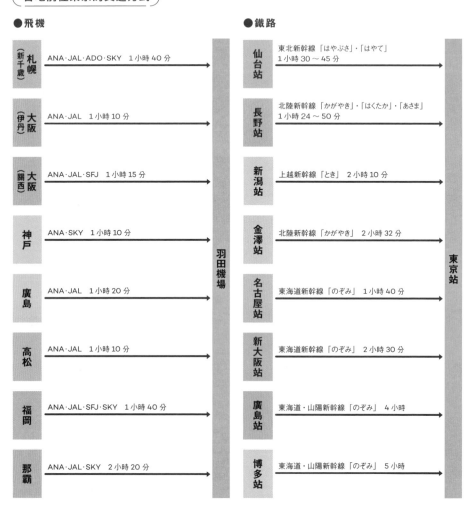

●飛機

札幌（新千歲）	ANA·JAL·ADO·SKY　1小時40分	
大阪（伊丹）	ANA·JAL　1小時10分	
大阪（關西）	ANA·JAL·SFJ　1小時15分	
神戶	ANA·SKY　1小時10分	羽田機場
廣島	ANA·JAL　1小時20分	
高松	ANA·JAL　1小時10分	
福岡	ANA·JAL·SFJ·SKY　1小時40分	
那霸	ANA·JAL·SKY　2小時20分	

●鐵路

仙台站	東北新幹線「はやぶさ」・「はやて」1小時30～45分	
長野站	北陸新幹線「かがやき」・「はくたか」・「あさま」1小時24～50分	
新潟站	上越新幹線「とき」　2小時10分	
金澤站	北陸新幹線「かがやき」　2小時32分	東京站
名古屋站	東海道新幹線「のぞみ」　1小時40分	
新大阪站	東海道新幹線「のぞみ」　2小時30分	
廣島站	東海道・山陽新幹線「のぞみ」　4小時	
博多站	東海道・山陽新幹線「のぞみ」　5小時	

遊逛東京的方式

在東京移動的最大重點在於，是否懂得善用JR或地下鐵等鐵道路線。
讓我們善用經濟實惠的1日乘車券等。某些區域還能選擇步行至隔壁車站。

羽田機場前往市中心的交通方式

● 前往品川站【搭乘電車】

搭乘京急電鐵15分（快特），410日圓，每隔5～10分運行。由於直通都營地下鐵淺草線，前往新橋、銀座（東銀座）和淺草無需換車。

● 前往濱松町站【搭乘單軌電車】

搭乘東京單軌電車19分（機場快速線），490日圓，每隔3～6分運行。可於濱松町站轉乘JR山手線，十分方便。

● 前往東京·新宿·澀谷【搭乘利木津巴士】

搭乘橘色的機場利木津巴士（東京空港交通），前往東京站930日圓、前往新宿站1230日圓、前往澀谷站1030日圓，每隔30～60分運行。雖然可能因為遇上首都高速公路壅塞，難以預測所需時間，但坐上巴士便能輕鬆前往各地，是其最大優點。

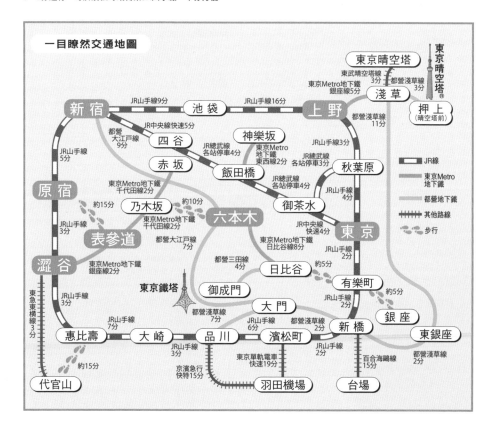

一目瞭然交通地圖

ACCESS GUIDE

路線種類

●JR山手線

山手線為連結東京、新宿、澀谷等主要轉運車站，運行1周約60分，共29站的環狀線。搭乘山手線幾乎能前往所有東京主要景點。從東京站往上野、池袋、新宿的逆時鐘方向運行為「內回」；相反的，往新橋、品川、澀谷的順時鐘方向運行為「外回」。此外，非轉運站的車站僅有新大久保、目白和鶯谷。其他的車站皆有轉乘服務，只需跟隨指引即可轉乘。

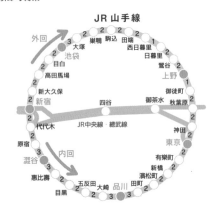

JR 山手線

●地下鐵

東京地下鐵分為東京Metro地下鐵和都營地下鐵2家公司。請留意2家公司的最低車資有所不同。由於每條地下鐵的路線都以顏色區分，於標示牌上也有所顯示，所以熟記路線顏色便能輕鬆善用地下鐵。

東京 Metro 地下鐵

最低車資 … 170日圓 (IC卡165日圓)

路線

Ⓖ銀座線　Ⓜ丸之內線　Ⓗ日比谷線
Ⓣ東西線　Ⓒ千代田線　Ⓨ有樂町線
Ⓩ半藏門線　Ⓝ南北線　Ⓕ副都心線

東京 Metro 地下鐵客服中心 ☎ 0120-104-106

都 營 地 下 鐵

最低車資 … 180日圓 (IC卡174日圓)

路線

Ⓐ淺草線　Ⓘ三田線　Ⓢ新宿線
Ⓔ大江戶線

都營交通客服中心 ☎ 03-3816-5700

※首都圈鐵道路線圖見附錄P30～31

方便又划算的車票

車票名	費用	可搭乘的電車或巴士（免費區間）					車票販售處（部分車站未發售）
		JR	東京Metro 地下鐵	都營 地下鐵	都營 巴士	東急	
東京旅遊車票	1590 日圓	○	○	○	○	×	東京都內的JR線、東京Metro地下鐵、都營地下鐵各站售票機
東京Metro地鐵與都營地鐵通用的地鐵一日通票	1000 日圓	×	○	○	×	×	東京Metro地下鐵、都營地下鐵各站售票機和定期券售票處
東京都市地區通票	750 日圓	○	×	×	×	×	東京都內的主要JR站售票機
都營通票（1日遊車票）	700 日圓	×	×	○	○	×	都營地下鐵各站售票機、都營巴士車內
東京Metro地鐵一日車票	600 日圓	×	○	×	×	×	東京Metro地下鐵各站售票機和定期券售票處
三角地區套票	400 日圓（從澀谷站）	×	×	×	×	○	東急線各站售票機

※免費乘車區間因票券不同而有所差異，請於購買前事先確認

方便的交通工具

●SKY HOP BUS

主要區域…淺草、東京晴空塔、
六本木、東京鐵塔、台場

周遊主要觀光景點，可自由
上下車的觀光巴士。有「淺
草‧東京晴空塔」、「六本
木‧東京鐵塔」、「台場」的3
條路線，販售1日券（2500
日圓）和2日券（3500日
圓）。無需預約，車票可於車
內購買。
洽詢處：SKYBUS 東京
☎03-3215-0008

如遇下雨會發放雨
衣

●HOTALUNA

主要區域…淺草、台場

由松本零士製作、設計，連
結淺草和台場的未來型水上
巴士。模擬太空船製造的船
身上方設有散步甲板，可從
船外欣賞東京全景。
洽詢處：東京都觀光汽船
☎0120-977-311

河面來的風吹經甲
板，無比舒適。除
了HOTALUNA之
外還有HIMIKO等
在航行

●熊貓巴士

主要區域…淺草

免費周遊淺草和東京晴空塔周邊的熊貓形巴士。1周約50
分。只要揮手，熊貓還會眨眼。
洽詢處：SGRS TOURISM AGENCY ☎03-5830-7627

於車內可領取熊貓
巴士護照

●Metro link日本橋

主要區域…八重洲、日本橋

連結八重洲、京橋、日本橋地區的免費周遊巴士。10～20
時約每隔10分運行。
洽詢處：日之丸自動車興業 板橋營業所 ☎03-3955-1188

獨特造型的渦
輪EV巴士

洽詢處

全日空
（ANA）
☎0570-029-222

日本航空
（JAL）
☎0570-025-071

AIR DO
（ADO）
☎03-6741-1122

STAR FLYER
（SFJ）
☎0570-07-3200

SKYMARK
（SKY）
☎0570-039-283

JR 東日本
☎050-2016-1600

JR 東海
☎050-3772-3910

JR 西日本
☎0570-00-2486

東京 Metro 地下鐵
☎0120-104-106

都營地下鐵
☎03-3816-5700

東急電鐵
☎03-3477-0109

京急電鐵
☎03-5789-8686

東京單軌電車
☎03-3374-4303

🔵 觀光　🟤 用餐

🅢 観光　🅡 用餐

從地點搜尋

☕ 咖啡廳	🌙 夜間娛樂	🛍 購物	🏨 住宿	♨ 溫泉

來趟發現「心世界」的旅行

mani
mani

漫履慢旅
東京

休日慢旅 ①

【休日慢旅1】
東京

作者／JTB Publishing, Inc.
翻譯／武澐揚
校對／林德偉
編輯／林德偉
發行人／周元白
出版者／人人出版股份有限公司
地址／23145新北市新店區寶橋路235巷6弄6號7樓
電話／（02）2918-3366(代表號)
傳真／（02）2914-0000
網址／www.jjp.com.tw
郵政劃撥帳號／16402311
人人出版股份有限公司
製版印刷／長城製版印刷股份有限公司
電話／（02）2918-3366（代表號）
經銷商／聯合發行股份有限公司
電話／（02）2917-8022
第一版第一刷／2016年10月
定價／新台幣320元

日本版原書名／マニマニ東京
日本版發行人／秋田 守
Manimani Series
Title: Tokyo
©2016 JTB Publishing, Inc.
All Rights Reserved
First published in Japan in 2016 by JTB Publishing, Inc. Tokyo.
Chinese translation rights arranged with JTB Publishing, Inc.
through Creek and River Co., Ltd., Tokyo.
Chinese translation copyrights ©2016 by Jen Jen Publshing Co., Ltd.

國家圖書館出版品預行編目(CIP)資料

東京 / JTB Publishing,Inc.作;武濤揚翻譯.
-- 第一版. -- 新北市 : 人人, 2016.10
面; 公分. -- (休日慢旅 : 1)
ISBN 978-986-461-064-8(平裝)

1.旅遊 2.日本東京都

731.72609   105017395

● 「この地図の作成に当たっては、国
土地理院長の承認を得て、同院発行の
50万分の1地方図、2万5千分の1地形図
及び電子地形図25000を使用した。
（承認番号 平26情使、第244－796
号）」

● 本書中的內容為2015年11月～12月的
資訊。發行後在價格、營業時間、公休
日、菜單等營業內容上可能有所變動，或
是因臨時歇業等而有無法利用的狀況。此
外，包含各種資訊在內的刊載內容，雖然
已經極力追求資訊的正確性，但仍建議在
出發前以電話等方式做確認、預約。此
外，因本書刊載內容而造成的損害賠償責
任等，弊公司無法提供保證，請在確認此
點之後購買。

● 本書中的各項費用，原則上是取材時
確認的消費稅含稅金額。而入園門票等，
沒有特別標示者都是成人的費用。但是，
各種費用還是有可能變動，在前往消費時
請多加注意。●關於交通工具的所需時間
都只是參考時間，請多留意。另外，關於
公共交通工具的車資，使用IC乘車卡時，
部分地區、公司的車資可能會有不同。●
公休日原則上省略新年期間、盂蘭盆節、
黃金週和臨時停業的標示。●本書刊載的
利用時間，原則上為開店（館）～閉店
（館）。最後點菜及入店（館）時間，通
常為閉店（館）時刻的30分～1小時前，
請多留意。●本書刊載的溫泉泉質、效能
為源泉具備的性質，並非個別浴池的功
效；是依照各設施提供的資訊製作而成。

● 本書刊載的住宿費用，原則上單人
房、雙床房是1房的客房費用；而1泊2
食、1泊附早餐、純住宿，則標示2人1房
時1人份的費用。金額是以採訪時的消費
稅率為準，包含各種稅金、服務費在內的
費用。費用可能因季節、人數而有所變
動，請多留意

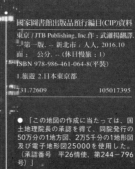

See
you!

SPECIAL THANKS!

在此向翻閱本書的你，
以及協助採訪、執筆的各位
致上最深的謝意。